Mujer

¡TRANSICIONA!

Extiende tus alas a lo que está adelante

Diseño de portada, interior del libro y edición: Blessed Books Creations
Facebook.com/ Blessed Books Creations
Email: blessedbookscreations@gmail.com

Facebook: Mujeres a los pies de Cristo
Instagram: Mujeres a los pies de Cristo
YouTube: Mujeres a los pies de Cristo
TikTok: Mujeres a los pies de Cristo

Clasificación: Crecimiento Espiritual, Sanidad Interior

Comentarios

"Alguien dijo que es esencial hacer las paces con nuestro pasado para disfrutar el presente y alcanzar un buen futuro. El libro que nos ofrece Migdalia Toledo es un código idóneo para lograr ese objetivo. Ella no habla solo desde la ciencia, sino desde su propia experiencia, lo que le confiere autoridad para abordar un tema tan sensible como la sanidad emocional. Bienvenido este libro con la seguridad de que será una hoja de ruta y que nos conduzca a la paz".

José L. Navajo
Escritor, Editor

"Tenemos la enorme gracia de conocer a Migdalia Toledo. Al verle adorar y servir a Jesús, hemos disfrutado del fruto de la obra de Dios en su vida. El crecimiento de su carácter, fe, amor y pasión por el reino de Dios, y los corazones de mujeres y familia, son frutos completamente genuinos. Es precisamente estos frutos en la vida de Migdalia los que invitan tomar este maravilloso libro y abrazar las verdades que en él hay. Verdades que vienen como resultados de vivir en la presencia del Señor y de la honra a nuestro maravilloso amigo, el Espíritu Santo.

Estoy convencido de que en estas páginas encontrarás afirmación, esperanza, fe, y gracia. Estoy seguro de que en este libro encontrarás el perfume de Jesús. Estoy seguro de esto, porque vemos a Jesús reflejado en la vida de la autora de Mujer, ¡Transiciona!"

Pa. Gerson Santiago & Pa. Omaira Olmo
Iglesia Emmanuel Arecibo

"Ver nuestros sueños realizados es una experiencia hermosa, pero ser partícipes de los de alguien todavía más. Dios me ha regalado el privilegio de tener como compañera de pluma y papel a la autora del libro que vas a comenzar a leer seguido de estas cortas líneas. Hablar de Mujer, ¡Transiciona!, es una responsabilidad muy grande por todo el rema que encierra. En cada uno de sus capítulos encontrarás razones suficientes para continuar caminando sin rendirte. Tu propósito, tu verdadera identidad y camino a la sanidad son algunos de los temas que resaltan en esta obra literaria.

Estamos viviendo tiempos difíciles donde trabajamos de manera ardua para poder rescatar el modelo bíblico de la mujer. Mi amada Migdalia ha sido inspirada por el Padre para llevarnos paso a paso hacia esa transición que en la vida de cada mujer es necesaria. Ciertamente, no puede haber cumplimiento si nuestro corazón, el órgano más importante de nuestra vida, no está sano y libre para recibir y poder dar. Aprovecha este hermoso regalo que lleva tu nombre. Alguien experimentó el dolor del corazón de Dios, pasó horas sin dormir y rindió su voluntad al Señor para poder escucharlo. Lo que significa que el Padre una vez más te dice: "Yo te amo y no quiero excusas". ¡Este es tu tiempo! Recuerda que fuiste escogida de Dios para transicionar y ver el cumplimiento de Sus promesas cumplidas en tu vida y tu generación. Estoy deseosa de escucharte contar lo que Mujer, ¡Transiciona!, provocó en tu vida.

Pastora Martita Soto
Autora del libro "Una taza de chocolate con Dios", y "Una taza de chocolate con Dios para la Mujer".

"Conocer de manera muy especial cada momento de inspiración de mi hermana y amiga Migdalia Toledo, la autora de este proyecto de Dios, Mujer, ¡Transiciona!, es una bendición de Dios hecha realidad. He visto plasmar en cada palabra las experiencias de una mujer como tú y como yo que se decidió a transicionar. En cada oración sentirás que tocan tu corazón y las fibras más sensibles de tu alma de mujer. Estoy segura de que a través de las páginas contenidas en este libro encontraras la forma de querer, desear y conocer a Aquel, que como a la autora, provocó un cambio trascendental en su vida. Descubrirás el verdadero plan de Dios para ti y reconocerás que valió la pena haberlo conocido porque definitivamente no podrás volver a ver la vida de la misma manera que la vez ahora. Amiga lectora ese momento de transicionar también te está esperando a ti.

Elsa Toledo Cajigas
Pastora y profesora de Capellanía y Teología Cristiana
Universidad Mundial de Capellanía Cristiana y Teología ADCAMI

Agradecimientos

A mi Padre Celestial. Él vio la necesidad que había en mí. Me encontró, me abrazó y con voz de amor me dijo: ¡Eres mi hija! Hoy soy el testimonio de un amor y una gracia que superan todo entendimiento. Así lo dice Efesios 3:19 "Ruego a Dios que ustedes puedan conocer ese amor, que es más grande de lo que podemos entender, para que reciban todo lo que Dios tiene para darles".

A mi amado esposo Danny. En todo tiempo has demostrado el firme compromiso que tienes con lo que Dios depositó en mí. Nunca tienes un ¡NO! Dios te puso en mi vida; me habló de ti cuando menos lo esperaba; pero cuando más lo necesitaba. Hoy puedo declarar como el salmista: "Las cuerdas me cayeron en lugares deleitosos y es hermosa la heredad que me ha tocado" (Salmo 16:6).

A mis compañeras de viaje, quienes han sido las personas que más han aportado valor a mi vida y a este libro: mis amadas hijas Michelle y Ashley. Ustedes son la razón por la cual nunca me rendí, ni me rendiré. Hemos enfrentado grandes desafíos, retos y adversidades, ¡pero siempre unidas! Mi vida no estaría completa sin ustedes. Me impulsan de continuo a seguir adelante y luchar por mis sueños. ¡Son mi más grande orgullo!

A mis nietos Zabdiel, Adriana y Emahel, ¡mis tesoros! Un amor difícil de explicar, pero imprescindible de disfrutar. Ustedes endulzan mi vida, ¡cada uno de mis días! Los observo y veo la gracia, el favor y la misericordia Dios rodeándome. Ustedes me afirman en la gran verdad de Isaías 62:4 "Nunca más te llamarán Desamparada, ni tu tierra se dirá jamás desolada; sino que serás llamada: Mi deleite está en ella, y a tu tierra, Desposada; porque el amor de Jehová está en ti, y tu tierra será desposada".

A mi amada y abnegada madre Josefina Padua, mujer de un solo calibre. Incondicional, noble, humilde y maravillosa. Una mujer virtuosa que me enseñó que el camino de la fe tiene recompensa y vale la pena creerle a Dios. ¡Te honro!

A cada integrante de mi familia, todos son sumamente valiosos en mi vida. A cada uno de los que invirtieron su tiempo y esfuerzo en participar, brindando sus testimonios y aportando sus experiencias para esta obra literaria.

Y a ti, hermosa mujer, dondequiera que estés, te considero amiga y hermana. Sin saberlo me has inspirado para hacer realidad este sueño que hoy sostienes en tus manos. Eres la razón de ser de Mujer, ¡Transiciona!

Contenido

Introducción

Desde mi corazón para tu corazón

*T*oda mujer anhela encontrar su plenitud, experimentar lo que es sentirse completa, satisfecha y realizada. Eso forma parte de su concepción. En esa búsqueda TODAS hemos recorrido largos senderos, pero tristemente muchas por más que se esforzaron aún no lo han alcanzado, y lo que es peor: piensan que nunca lo lograrán. En Mujer, ¡Transiciona!, descubrirás que la vida, por más desafiante que sea o que te parezca, está llena de oportunidades para recomenzar.

¡No es tiempo para rendirte! Al contrario, ¡es el mejor momento de tu vida! En este preciso instante, mientras lees estas palabras, Dios quiere conectarte con el futuro glorioso que diseñó para ti. Mujer, ¡Transiciona!, es una invitación a olvidar lo que queda atrás, a cuanto pueda mantenerte estancada, limitada e impidiéndote avanzar. Es tiempo de extenderte hacia lo que Dios preparó para tu vida. Es el momento idóneo para introducirte a tu nueva temporada libre de obstáculos. El instante preciso de darle la bienvenida a la primavera, donde todo florece y lo sombrío se extingue. Es la despedida del frío invierno dando paso a una experiencia de espléndida gama de colores que desvelan un nuevo amanecer para tu vida.

Es transformación, esencia, identidad

Mujer, ¡Transiciona!, está diseñado para mostrarte que ningún proceso que hayas vivido es más fuerte ni más grande que la Palabra que Dios ha desatado sobre tu vida. Tal vez aún no conozcas todo lo que Dios escribió sobre ti, ni lo que soñó y planificó para tu vida. No obstante, hacia ese lugar donde todo comenzó es que deseo que puedas ser dirigida.

Este libro es una joya invaluable para el crecimiento espiritual de cada mujer que se sumerja en sus páginas y no se detenga hasta encontrar el valioso tesoro que en ellas se cobija. Está confeccionado con pinceladas de historias que prometen un antes y un después para cada lectora. Alcanzar una vida exitosa comienza con descubrir lo valiosa que eres, mujer. Para descubrirlo te llevaré en un viaje al maravilloso corazón de la Palabra de Dios.

La esencia del mensaje que quiero transmitirte es sencillo y trascendental: ¡Mujer eres más fuerte de lo que piensas! Estoy convencida de que Dios no nos ha dado espíritu de cobardía, sino de poder, amor y dominio propio. Hemos sido dotadas de una capacidad increíble para superar las adversidades y salir adelante con un espíritu humilde y sensible a la voz de Dios. El Señor nos creó con un propósito y Su diseño es perfecto. No existe equivocación alguna en nuestro Creador. El único requisito que presenta es que abramos nuestro corazón para escuchar Su voz. Si escuchamos Su voz jamás seremos confundidas y mucho menos avergonzadas. El salmista David dijo: "Los que miraron a Él fueron alumbrados y sus rostros no fueron avergonzados" (Salmos 34:5).

Me parece asombroso el proceder de Dios para establecer Su Palabra en nuestra vida y ayudarnos a transicionar. Siempre soñé con escribir; anhelaba dejar un legado a mis hijas y nieta. Por un tiempo ese sueño quedó en el olvido, pero en el tiempo perfecto Dios lo trajo de nuevo a mi corazón. Esta vez, convirtiéndose en algo más que un legado para mis hijas y nieta, pues trascenderá más allá de un estante o una mesa de noche en el dormitorio o sala del hogar de mi generación. Estará también en las manos de cada mujer amiga, hermana, prima, vecina, cuñada, o desconocida, en cualquier parte del mundo. Definitivamente, ¡Dios es sorprendente! Después de tantas experiencias que marcaron mi vida, se abre esta oportunidad. Este libro se convertirá en punta de lanza para mover el corazón de cada mujer a vivir a la altura de lo que Dios dijo de ella.

Uno de los principales motivos que me llevaron a contar pinceladas de mi historia es el hecho de que tuve que pasar por la "escuelita de Dios", como dice uno de mis mentores. Eso implica una enseñanza increíble. Dios determina que en medio de las adversidades, procesos, vicisitudes y desafíos que nos toca enfrentar, aprobemos cada materia establecida. Nunca Su motivación es que fracasemos en la jornada. Al contrario, desea que saquemos el mayor provecho a cada lección y alcancemos el premio por el esfuerzo realizado. Es decir, saldremos airosas, capacitadas y empoderadas para enfrentar los retos de cada día. En mi caso, tras muchos intentos fallidos, por fin aprendí la lección, y te confieso que cada día continúo aprendiendo.

Una de las experiencias que comparto en las pinceladas de mi historia, es cómo en medio de lo que a mi parecer era mi peor momento, encontré a mi Abba Padre. Desde ese mismo instante fui sanada, restaurada y transformada. El Padre Eterno se cruzó en mi camino y cambió mi destino. Ahora me mueve un profundo y sincero deseo de animar a otras mujeres, aportando a su crecimiento espiritual. Me interesa mucho validarlas de acuerdo con lo que la Palabra de Dios afirma sobre cada una de nosotras. Anhelo que lleguen a saber lo amadas que son por Dios. Alcanzado ese conocimiento, el peregrinaje de cada una en esta vida, tendrá el sello de la protección de Él.

Uno de los firmes principios que rigen mi vida es que: "Dios no quiere que vivamos una vida sin propósito, ni que vayamos por ahí cantando la canción de alguien más. Al contrario, Él desea poner un cántico nuevo en nuestra boca". El salmista David conocía muy bien lo que era tener un cántico nuevo en su boca. Por eso cada uno de los Salmos compuestos por él nos brindan ánimo y esperanza. De la misma manera, Dios quiere inspirarnos por medio de Su Espíritu Santo. Su anhelo es que compongamos versos en sintonía con la vida que Él nos ofrece como sus hijas.

Otro ejemplo válido es María, la madre de Jesús, quien sin ser cantante ni tener nociones de música, abrió su boca y entonó una canción luego de conocer el depósito que el Dios Todopoderoso había gestado en su vientre. Las Sagradas Escrituras afirman que Dios siempre nos lleva en triunfo por medio de Jesucristo, manifestando en todo lugar el olor de Su conocimiento. El fin es que resplandezcamos y mostremos la imagen de Cristo en nosotras. Un Cristo victorioso que quiere impulsarte en Mujer, ¡Transiciona!, a "extender tus alas hacia lo que está delante". Llegó el tiempo de volar en las alturas, de ver cumplimiento y saltar los muros de la duda, la indecisión y la procrastinación.

Es tiempo de derribar barreras de desaliento, miedos, temores, ansiedades y aprender a vencer los obstáculos. De manera que, como hija de Dios, abraces las verdades eternas y camines en fe hacia tu nueva temporada. ¡Tú lo puedes lograr!

Prólogo

Mis primeras palabras al escribir el prólogo de este libro son de gratitud a Dios, por su sierva, Migdalia Toledo Padua, a quien conozco hace años y doy fe de su testimonio y de su experiencia de transformación. Una mujer agradecida de Dios, valiente que ha entendido que el evangelio de Jesucristo debe ser predicado por testimonio y ha aceptado el reto de dar por gracia lo que por gracia ha recibido.

Este libro maravilloso Mujer, ¡Transiciona!, representa un oasis de bendición en medio del desierto, su práctica presentación y su profundidad en su contenido pone de manifiesto la grandeza del amor, la misericordia y la gracia de Dios. La autora da a conocer y revela en sus páginas a un Dios accesible, sencillo y que opera de formas inesperadas. A través de sus capítulos, encontrarás mensajes, relatos y llaves de esperanza en medio de temporadas de crisis, acompañadas con frases cargadas de una invitación a que transformes tu vida para que descubras con madurez espiritual una vida mejor que no te dejará mirar atrás.

La autora se ha convertido en una mujer transicionada con un testimonio vivo del amor de Dios. Es portadora de un mensaje pertinente y necesario en estos tiempos. Un mensaje que resalta que Dios está dispuesto a caminar contigo y seguir a tu lado durante el sendero de tu transformación. Lo verás al pasar tus ojos por cada palabra que resonará en tu corazón y verás con claridad los pasos para poder transicionar como lo hizo la autora. La obra que tienes en tus manos hace un llamado a la metamorfosis. Definitivamente, te invito a leer este libro, te aseguro que después de esto no serás igual y el escenario de tu vida será totalmente diferente.

En cada uno de sus capítulos encontrarás razones suficientes para caminar sin rendirte. Cada experiencia plasmada ha sido fuente de inspiración. Este tiene la capacidad de motivar a cada lectora y le ofrece la fuerza para provocar cambios transformadores. Cada testimonio representa un cofre repleto de tesoros invaluables. Son principios, estrategias y herramientas que te equiparán para entrar a tu nueva temporada libre de obstáculos. Sin lugar a duda, estas páginas encierran códigos y enseñanzas de vida que conducirán a cada mujer a la introspección, el autoexamen y a la resolución de conflictos internos sin resolver. En él sugiere un grito de guerra que invita a la mujer a transicionar. ¡Solo atrévete a hacerlo!

Pastor Héctor Pérez
Iglesia Asambleas de Dios
Ángeles, Utuado, P.R.

Pinceladas de mi historia

Capítulo 1

Heridas emocionales

"Mirad cuál amor nos ha dado el Padre, para que seamos llamados hijos de Dios" (1 Juan 3:1).

Un día, tiempo atrás, me encontraba en una tienda de artículos para el hogar, cuando de pronto, mis ojos se encontraron con un pequeño cuadro que había en la esquina de un estante. Se trataba de una pintura impresionante por su belleza; el pequeño dibujo mostraba un paisaje donde prevalecían nubes grises sobre un fondo amarillo que simulaba la caída del sol. Los rayos de luz se imponían sobre una cruz que se alzaba en la cumbre de un monte.

Quedé impresionada por la belleza de la imagen, pero lo que terminó de embelesarme fueron las palabras que había impresas en el lienzo: "Cuando me olvido de quién soy, tú me lo recuerdas". Al fondo de la imagen resaltaba una palabra en tipografía más grande y con letras doradas, que decía: "DIOS". No pude evitar que tras una larga observación del cuadro mis ojos se humedecieran. Ignoro cuanto tiempo permanecí ante la pintura, pero sentí que el tiempo se detuvo. Lo tomé en mis manos y sin poder evitarlo, de mi boca surgieron expresiones de gratitud a Dios. Una vez más Él me recordaba que "Soy su hija". Por supuesto que lo compré, y desde ese día decora la habitación de mi casa que convertí en punto de encuentro y rincón de intimidad con el Señor.

No deja de asombrarme la manera en que Dios nos recuerda sus grandes verdades mediante los detalles más simples. Pero lo importante en este asunto es que yo nunca podría haber respondido a aquella afirmación de la forma en que lo hice si no hubiese tenido clara mi identidad como hija de Dios.

Aquella frase me hizo evocar la manera en que me sentía años atrás y la forma sobrenatural en la que Dios intervino para cambiar áreas esenciales de mi vida. Fueron tiempos difíciles, llenos de incertidumbre en los que vivía sumida en un abismo emocional.

Terribles sentimientos nublaban mi presente y pesaban en mi pasado: una amalgama de emociones negativas entre las que prevalecían el rencor, frustración, decepción y vergüenza. Mi autoestima estaba tan destruida que se me hacía difícil incluso levantar la cabeza. Lejos, muy lejos quedaba aquella mujer y madre valiente, dispuesta a todo por salir adelante que un día fui. Tenía plena conciencia de que era imprescindible hacer cambios significativos en mi vida, pero me resultaba imposible salir del profundo hoy en el que estaba. La vida se me antojaba tan complicada, que era incapaz de entenderla.

La mayoría de las personas cuando atraviesan por circunstancias adversas comienzan a hacerse preguntas como: ¿Por qué me está sucediendo esto? ¿Qué hice para merecerlo?, y lo próximo es buscar un culpable. Adoptamos esa posición incluso de manera inconsciente. Yo no fui la excepción. En una de mis crisis no me conformé con hacerme preguntas, sino que culpabilicé de la situación a quienes consideraba mis agresores... Entre los cuales estaba Dios.

No sentía, ni notaba, ni percibía su amor. ¿Por qué me puso en una familia en la que el padre era alcohólico? ¿Por qué permitía que yo creciese con ese terrible sentimiento de orfandad? ¿Por qué Dios toleraba que las personas más significativas en mi vida lastimaran mi corazón?

Consideraba que Él era responsable de cada uno de mis errores y múltiples fracasos. Fue una época en la que pareció abrirse el cofre de mis recuerdos amargos y surgían a la superficie, convocándose todos para invadir mi mente y quebrar mi alma. Una temporada gris en la que la bondad de Dios no parecía existir, y me sentía abandonada a mi suerte.

Es evidente que cuando nuestra mente se llena de pensamientos así, la tristeza y el coraje se apoderan del alma. Esas emociones son tan fuertes que cuando se unen resultan destructivas, no solo para la vida, también para nuestras convicciones más profundas. Suele ocurrir que cuando se encadenan sucesos que no entraban en nuestras expectativas y que aportan dolor y amargura, nuestra fe se ve sacudida y es fácil señalar a Dios como presunto culpable.

El enemigo es capaz de empujarnos a la muerte cuando se apropia de nuestro pensamiento.

Debo confesarte que, durante mi tiempo de profundo abismo, llegué a intentar huir de mis problemas poniendo en marcha el automóvil y hundiendo mi pie en el acelerador, sin que me preocupase perder la vida. El enemigo es capaz de empujarnos a la muerte cuando se apropia de nuestro pensamiento. Solo quienes han pasado por experiencias similares y las han superado, pueden entender la magnitud del daño que pueden provocar las heridas emocionales. Por esta razón, siempre que tengo ocasión, incido en la importancia de atender los daños emocionales con la máxima urgencia posible.

Hoy te ruego que, si estás atravesando por una circunstancia así, no lo ocultes, no lo calles, no intentes llevar tu dolor a solas. Es esencial que tengas un arranque de valor y trates el asunto. Los estudiosos en el campo de la conducta humana señalan que por más pequeña que parezca una herida emocional se le debe brindar atención inmediata.

Una herida emocional que no ha sido tratada correctamente puede crecer e infectarse, hasta convertirse en una raíz de amargura.

Las hijas de Dios contamos con un extraordinario manual de vida que se llama Biblia. Como mujeres y también como hijas de Dios que anhelan estar sanas, es necesario que miremos detenidamente lo que las Escrituras nos revelan acerca de asuntos como ese. El libro de Gálatas nos dice que "Un poco de levadura leuda toda la masa". Un poco de levadura se refiere a una porción muy pequeña, pero que tiene la capacidad de fermentar toda la masa, no se precisa mucha cantidad de levadura para hacer que la masa crezca. Trasladándolo al campo de la herida emocional, extraemos la conclusión de que una herida emocional que no ha sido tratada correctamente puede crecer e infectarse, hasta convertirse en una raíz de amargura. El síndrome de la bola de nieve que al principio parece inofensiva, pero a medida que rueda se transforma en un peligro inminente.

Yo no supe lidiar con esos temas tan complejos, por eso ahora soy tan consciente de que es indispensable identificar la causa que nos lastima el corazón. Si logramos hacer esto a tiempo evitaremos caer en ciclos repetitivos y hábitos dañinos que conducen a la depresión, la ansiedad y otras condiciones que afectan negativamente nuestra calidad de vida.

Capítulo 2

Pinceladas de mi vida

Permíteme contarte algunos retazos de mi historia con el objetivo de que puedas comprender que ningún proceso vivido es más fuerte que la Palabra que Dios ha desatado sobre tu vida. Soy la segunda de siete hermanos. Viví con mi padre y mi madre en un hogar de escasos recursos económicos y totalmente disfuncional. Papá fue alcohólico hasta su muerte, mi madre, sin embargo, siempre ha sido un ejemplo de fe, principios y valores. Permanecen frescos en mi mente sus múltiples esfuerzos para que esos principios y valores formasen parte de la familia.

Por desgracia, el abuso de autoridad de nuestro padre y sus cambios de humor por causa de su alcoholismo, fueron demasiado fuertes y provocaron en mí, rencor y rechazo hacia él. Literalmente, sentía que lo odiaba. Nunca fue lo que esperaba de una figura paterna; jamás encontré en él ese padre amoroso y protector que todo hijo necesita. Crecí con un profundo sentimiento de orfandad. Era tal el resentimiento que albergaba, que soñaba con el día en que pudiera escapar de aquel ambiente tóxico. Puedo asegurarte, por propia experiencia, que vivir con un padre alcohólico es vivir literalmente un infierno.

En un escenario así, resulta imposible encontrar paz. Mi vía de escape frente aquel ambiente tóxico era subir al techo de zinc de mi casa, donde pasaba horas, en mi búsqueda de tranquilidad y paz. Cuando medito en aquellos días, en los meses y años que viví subiendo a aquel lugar para escapar, puedo comprender que allí Dios comenzó a tratar conmigo, brindándome su amor y la tan ansiada paternidad de la que carecía, pero tristemente en aquel tiempo no lo percibí.

En mis tiempos de búsqueda de paz y soledad, planifiqué varias estrategias para escapar de casa. Todas ellas fracasaron, por lo que la única que resultó viable fue esforzarme en mis estudios con la esperanza de acceder a la universidad; pero ese plan chocó con un inconveniente: Mi padre opinaba que ese proyecto implicaba muchos gastos. Él decía: "Eso es para personas inteligentes", frase que menoscababa mi valía y me hacía pensar menos de mí.

Pese a todo no me di por vencida, y hoy agradezco a Dios por la capacidad que me dio para seguir adelante. Lejos de hundirme en el desánimo, confeccioné una lista de todo aquello que quería lograr y marqué un tiempo para alcanzarlo. Observando la relación de objetivos quedé cautivada por ese futuro espléndido que había planificado. Con el discurrir del tiempo cada cosa fue cayendo en su lugar y pude realizar mis sueños, a la vez que transitaba por el sendero que me había trazado.

No todos fueron aciertos en ese caminar hacia una vida mejor. El tiempo avanzó, dejando a su paso una estela de sucesos que marcaron el futuro que yo había proyectado. Persiguiendo esa famosa libertad que todos queremos, tomé decisiones muy precipitadas. Apenas hube completado mi grado universitario me convertí en joven esposa... ¡Demasiado joven! Muy pronto nacieron mis dos hijas, pero el matrimonio no resultó como había previsto. Resultaron decepcionantes varias áreas de mi vida, entre ellas: mi desarrollo profesional y mi vida espiritual. No alcanzar estabilidad en esos diversos aspectos me hizo sentirme fracasada. Me embargó la sensación de que todos mis esfuerzos y sacrificios para obtener una "vida mejor" no hubieran valido la pena. ¡Cómo no sentirme desilusionada de mi propia vida! Lo que me estaba ocurriendo no coincidía con lo que había sido mi proyecto de vida. Parecía que el universo entero conspirase contra mí.

Para empeorar las cosas, yo me acostumbré a vivir con una máscara. Lo que llevaba por dentro era como un cáncer no detectado. Quiero decir, sientes que algo no está bien, pero no es hasta que te dan el diagnóstico médico que puedes ver la realidad de lo que estás enfrentando. Fueron muchos años sintiendo malestar interno. No me daba la oportunidad de indagar hasta qué punto mis emociones dominaban mis decisiones. Es decir, nunca me detuve a buscar la raíz de mi problema y mucho menos busqué ayuda. De esta manera continuó mi vida sin prestar atención a lo que quemaba mi interior. El resultado fue que entré en un estado de ansiedad como jamás había vivido. Para ese entonces, ya mis hijas eran dos jovencitas que se proyectaban hacia un futuro con ilusión y grandes expectativas. Ellas desconocían en su totalidad los cambios internos que yo estaba enfrentando, pues intentaba mostrarme como una mujer fuerte, segura de sí misma y valiente en cada proceso vivido. Fingía por el bien de ellas, para que pudieran enfrentar el futuro sin temor.

Liberar los sentimientos y emociones forma parte del proceso de sanidad emocional.

Hago un paréntesis para, con todo respeto, hacerte una exhortación. Tras haber pasado por tantas experiencias de vida, puedo instarte a que, si estás atravesando una situación difícil y tienes hijos, cuides su corazón mientras te sea posible. A veces, no nos damos cuenta del daño que podemos producirles con nuestras actitudes. Si tenemos que llorar, vamos a llorar, y si tenemos que sacar un grito para aliviar nuestro corazón, tenemos el derecho de hacerlo, pues liberar los sentimientos y emociones forma parte del proceso de sanidad emocional. Ahora bien, busquemos que nuestra sanidad no conlleve el deterioro de nuestros hijos. Evitemos que ellos se vean afectados; no es necesario ni conveniente que sean partícipes directos cuando las emociones negativas nos están traicionando o invadiendo. De esta manera, crecerán y se desarrollarán sanos y felices.

En esos días donde no ves el sol salir y la lluvia no cesa de caer, es donde debes confiar que Dios viene a tu encuentro.

¿Sabes cuál es el principal motivo de esta sugerencia? Dejarte saber que tus momentos de frustración son solo eso: "momentos que van a pasar". No durarán para siempre. Secarás tus lágrimas y continuarás viviendo. Créeme, lo que te digo lo hablo desde la convicción que produce la experiencia. La Biblia está llena de promesas diseñadas para serenar nuestra alma. En esos días donde no ves el sol salir y la lluvia no cesa de caer, es donde debes confiar que Dios viene a tu encuentro. El salmista dijo: *"Desde mi angustia invoqué a Jehová, y me respondió Jehová, poniéndome en lugar espacioso" (Salmo 118:5)*. Si te aferras a Dios y abrazas Su Palabra, llegará el momento en que mirarás atrás y comprobarás que todo se puede superar. ¡Eso lo vas a lograr con la ayuda de Dios!

Quiero agradecer a Dios por las dos hijas excepcionales con las que me bendijo. Ambas lograron alcanzar sus metas profesionales y, cada una, en su tiempo, contrajo matrimonio. Cuando menos lo esperaba, ambas tomaron la decisión de buscar un mejor futuro en los Estados Unidos, aunque debo confesar que la noticia me cayó como un balde de agua helada. Imagínate por un momento la tristeza que esto añadió a mi corazón. Si verlas salir de mi lado fue difícil, saber que se marcharían del país me volcó la vida. Yo había escuchado hablar del nido vacío, pero jamás pensé que me tocaría vivirlo de esa manera. Lo cierto es que no podía impedir que se marcharan. Con el corazón roto en mil pedazos y entristecido las despedí y las bendije, a cada una en su tiempo. ¡Para qué contarte como fueron esos días y meses siguientes! Puedo resumirlos, en una palabra: ¡devastadores!

Una vez que mis hijas se instalaron, no cesaban de invitarme a que fuera a vivir con ellas. No había cosa que desease más en el mundo, pero era consciente de que antes de eso era imprescindible que arreglase algunos asuntos internos. Me gustaría compartirlos contigo en el próximo capítulo y enseñarte cómo logré superarlos.

Capítulo 3

Acerca de mí

El tiempo transcurría y mi salud física, lo mismo que la emocional, lejos de mejorar, iba deteriorándose más. Los ataques de ansiedad eran más frecuentes, y mi mente parecía un torbellino. En mi interior se había instalado un gran temor y una pesada incertidumbre con respecto a mi presente y mi futuro. El panorama era desalentador. Sufría un desequilibrio emocional muy severo que me condujo a padecer de insomnio y pasaba las noches enteras llorando. Esto, inevitablemente, perjudicó mi desempeño laboral, ya que me sentía perdida dentro de mi entorno. Trataba de disimularlo, pero mi situación era evidente.

Cuando estás a solas con tu ansiedad,
estás en mala compañía.

Todos los cercanos me interrogaban, queriendo saber qué me ocurría; con el ánimo de no querer dar más explicaciones, opté por aislarme, creé distancia de amigos e incluso de mi familia. Me permito decir a cuanta mujer pueda estar leyendo este relato de mi vida, si estás atravesando un periodo de ansiedad, depresión o cualquier desajuste emocional, no te aísles. No enfrentes el proceso, tú sola. Cuando estás a solas con tu ansiedad, estás en mala compañía. Por eso la Biblia nos insta a que "Dos son mejores que uno, porque si uno se cae el otro lo levanta...", (Eclesiastés 4:9).

Si cuentas con una familia que te ama, acércate a ella. Estoy segura de que te apoyarán y animarán a salir adelante. Si no tienes familia en la que apoyarte, busca el soporte de una amiga o mujer que ame a Dios y que actúe de guía y ayuda espiritual. Otra cosa que te recomiendo es que te proveas de ayuda profesional. No olvides que, como hija de Dios, Él siempre dispondrá de recursos para tus momentos de crisis. Lo importante es que abras tu corazón a las posibilidades que el Señor, en Su amor por ti, quiere brindarte. Si cierras tu corazón y no permites que te brinden ayuda, el proceso será mucho más difícil de lo que ha sido hasta ahora. Créeme, te hablo desde mi propia experiencia. Yo creí que podía sola. ¡Tremendo error! Gracias a Dios que ÉL siempre llega a nuestro encuentro.

Como hija de Dios, Él siempre dispondrá
de recursos para tus momentos de crisis.

Permíteme contarte; mi mamá descubrió mi condición de salud y le preocupaba mucho que yo no la estuviera visitando como siempre lo había hecho. Una y otra vez insistió en que me fuera a vivir con ella, pero yo rechazaba su ofrecimiento. No me rehusaba por evitar estar con ella, mi madre es un tesoro invaluable, mi negativa era por otras razones: la primera, no ponerle cargas, pues a su edad eso podía perjudicarle. La segunda, el trasfondo de lo vivido en aquel lugar, las experiencias dolorosas que viví allí durante mi infancia y juventud me hacían sentir mal en ese entorno. Era cierto que mi papá ya no estaba entre nosotros, pues había fallecido hacía años, y también era cierto que, gracias a la intervención del Señor, cuando me fui a estudiar a la universidad, la relación entre él y yo había mejorado bastante. La distancia entre ambos hizo que lo tolerara y con los años llegó el perdón, pero no veía positivo trasladarme a vivir de nuevo allí, pues los recuerdos amargos estaban presentes en mi memoria.

Un día mi hermano mayor apareció por mi casa, supe desde el principio que mi mamá había hablado con él. Nos sentamos ambos a la mesa del comedor, él bajó su cabeza por un instante, y enseguida la alzó y me miró a los ojos mientras me decía: "Ha llegado el momento de que vuelvas a casa de tus padres". Por supuesto que no lo acepté fácilmente. Lo que mi hermano me solicitaba era, a mi entender, un retroceso; suponía desenterrar el dolor de un pasado que yo había guardado en lo más profundo de mi corazón. Por otro lado, eso implicaba también doblegar el poco orgullo que me quedaba. No aceptaba, pero mi hermano no se rendía. Tras varias horas de debate, me convenció y acepté su invitación. ¡Gracias a Dios por él!

Dios es tan esplendoroso que puede convertir los momentos más amargos en tesoros que enriquezcan nuestra vida.

Ahora reconozco que ¡vivir con mi madre fue una experiencia que realmente necesitaba! Sus cuidados resultaron maravillosos y a la vez excesivos por mi estado de salud emocional y física. Aún recuerdo el aroma de esa tacita de café que preparaba con tanto amor en las mañanas y me la llevaba hasta la cama. ¡Doy gracias a Dios todos los días por su vida! Ciertamente, en sus manos y cuidados vi el amor inagotable de Dios para conmigo. Él se había encargado de devolverme al cuidado de mi madre. Me resulta interesante que las sagradas Escrituras nos dicen que, si "Él cuida de las aves, también cuidará de cada una de nosotras". (Mateo 5:26). De la mano de mi madre regresé a la niñez. Sus sabios consejos alimentaban mi espíritu, seguramente porque mi madre había vivido lo suficiente como para sobreponerse a todo tipo de situación. Realmente, fue un tiempo orquestado por Dios. Mi mamá fue el primer instrumento que Dios utilizó para ayudarme a creer en la obra sanadora y transformadora del Señor. De ella aprendí que Dios es tan esplendoroso que puede convertir los momentos más amargos en tesoros que enriquezcan nuestra vida.

Un resultado muy interesante de esta estadía con mi mamá fue el descubrimiento que un día hice, pude darme cuenta de que mi peor problema no estaba en mi entorno, ¡estaba en mi interior! No se trataba de nadie más, sino de mí misma. Había aceptado las mentiras que el enemigo lanzó en contra de mi verdadera identidad. Por primera vez me di cuenta de que no conocía el propósito de Dios para mi vida. En una honesta labor de introspección encontré a una mujer sin sentido de dirección. Una mujer que actuaba por impulsos y emociones engañosas, muy insegura de sí misma y que debido a lo que le había pasado, estaba buscando aceptación y dando mayor valor a otras cosas y personas más que a ella misma.

La peor tragedia que puede experimentar
una mujer es perderse así misma.

La peor tragedia que puede experimentar una mujer es perderse así misma. No reconocer su valor. No amarse y permitir que la controlen otras personas, o los sentimientos que resultan de las vivencias negativas. Cuando eso ocurre, ella perderá la capacidad de reconocer quien es realmente. Tengo que admitir que buscándome me extravié en el camino. Anhelaba hallar felicidad, estabilidad, paz y al no encontrar ninguna de las anteriores, se desató un desequilibrio emocional que me sumió en un mar de pensamientos negativos. La vida se me presentaba no apetecible y desarrollé apatía hacia esta.

Recuerdo haberle pedido muchas veces a Dios que no me dejara vivir más. En las noches, cuando me acostaba, deseaba no ver otro amanecer. Todo ese tiempo estuve anhelando morirme. Le pedía a Dios que me quitara la vida. No lo haría yo, por el conocimiento que tenía de la Palabra. Pues la Biblia dice que Dios es el ÚNICO que da la vida y quien la puede quitar. Esto debe quedar claro en tu corazón y en tu espíritu, porque también advierte la

Biblia que el enemigo no descansa, intentando por distintos medios y formas seducir a muchos con el pensamiento de que el suicidio es la mejor solución. ¡Eso es una mentira de Satanás! Dios es el ÚNICO que ofrece una salida para cada interrogante de nuestra vida.

Desafortunadamente, en ese tiempo que relato, no distinguía a Dios obrando. Mi vida era un espejismo; frente a mis ojos lo que permeaba era un panorama sombrío. Haber vivido esa experiencia tan espantosa me hizo comprender que esas oportunidades son las que el enemigo aprovecha para atentar contra el propósito y llamado de Dios en nuestras vidas. Por eso, quiero dejar claro, que el enemigo podrá frustrar los planes nuestros, pero jamás logrará destruir y tampoco frustrar el plan de Dios para nuestras vidas. Claramente, Jesús dijo que *"Él vino para que tuviéramos vida y la tuviéramos en abundancia"*. *(Juan 10:10)*. Esa promesa es para todo ser humano.

En mi proceso estaba cansada de dar pasos y más pasos sin llegar a las aguas cristalinas que refrescasen mi alma. Dolía ver el tiempo pasar sin que nada diferente ocurriera. Deseaba volar alto, remontarme a las alturas, pero ¿cómo responder ante el descubrimiento que había hecho en casa de mi amada madre, si no conocía mi diseño? Me hallaba sin fuerzas y muy lacerada. No sabía por dónde comenzar a reconstruir mi vida. Te confieso que busqué mil excusas para no pasar por el proceso de rompimiento espiritual. En otras palabras, si lo que estaba atravesando ya de por sí era fuerte, soltar el lastre para emprender el vuelo me resultaba peor. Soltar no es tarea fácil, se trata de romper en frío, y para eso se necesita mucha fuerza de voluntad. Era un momento decisivo en mi vida en el que clamé incesantemente al Señor, pidiéndole que me mostrase una salida. Estaba segura de que sin Él nunca lo lograría. La Biblia afirma que "sin Él nada podemos hacer".

En medio de ese caos, hundida en un mar de emociones y sentimientos encontrados, tomé lo que para muchos podría ser una decisión alocada; renunciar a mi trabajo, en el que llevaba dieciocho años laborando. Las opciones eran, arriesgarlo todo en busca del cambio que necesitaba, o quedarme sentada mirando por una ventana como se me iba la vida sin hacer nada para superar mi crisis. Con esto no estoy recomendando a nadie a dejar su trabajo, ni los animo a tomar sus decisiones tomando como referencia mi experiencia personal. En mi caso, sentía que no había manera de evitarlo si quería que mi vida transicionara.

Estoy convencida de que la única manera de provocar un cambio y que haya rompimiento es tomando acción en aquello que sabemos que nos está dañando. Obviamente, todo eso estaba puesto en las manos del Señor y yo seguía lo que interpretaba como Su voz. Hablé con mi mamá para comunicarle la decisión; le dije que era tiempo de enfrentarme conmigo misma. ¡Necesitaba estar lejos! La decisión fue muy difícil para ambas, lloramos, pero ella me comprendió y me bendijo para esa salida. Lo próximo fue comprar un pasaje y abordar un avión con destino a los Estados Unidos, a casa de una de mis hijas.

Mi país, la tierra que me vio nacer, se había convertido en la tierra de mi aflicción. Mi mentalidad era que si me marchaba lejos olvidaría todo recuerdo de dolor y sanaría mi corazón. Lo que yo desconocía era que, sin importar la salida de escape que tomara, el dolor me perseguiría.

Hoy te comparto algo que aprendí. Si estás decidida a entrar en un proceso de transformación y a someterte a una metamorfosis en tu vida, eso implicará enfrentarte contigo misma. Creo que será la lucha más grande e intensa que vas a pelear. No obstante, te aseguro que, si vas en la dirección correcta y agarrada de la mano de nuestro Dios, el resultado será una victoria absoluta.

La Palabra de Dios nos dice que *"Todo obra para bien para los que aman al Señor", (Romanos 8:28).* Cuando dice TODO, es TODO, es decir, que no excluye nada.

Capítulo 4

Escondida en Su presencia

Llevaba un par de meses viviendo en los Estados Unidos cuando escuché el testimonio de un predicador. Quiero explicarte que soy muy selectiva con lo que escucho. La experiencia me ha enseñado a ser muy cuidadosa con lo que permito entrar por mis oídos. Del mismo modo que elegimos con prudencia lo que nutre nuestro cuerpo, debemos prestar atención a aquello que alimenta nuestro intelecto, alma y espíritu. Pero, este predicador me impactó con su testimonio porque relató un proceso donde tuvo que encontrarse con Dios. No era una coincidencia, ¡yo también necesitaba encontrarme con Dios! Urgía una transformación en mi vida, de adentro hacia afuera.

El predicador al que me refiero se sometió a cuarenta y cinco días de oración por su petición. No me pregunte el porqué de esos días, en realidad no le presté atención a ese detalle, solo al resultado. Supe que era tiempo de dedicarme de forma intencional a la oración. Tenía propósito y como consecuencia pretendía un resultado. Mi propósito era que Dios le devolviera a mi corazón la alegría de vivir, soñar y disfrutar de este caminar con Él sin que me afectara el pasado o lo que estaba viviendo en ese presente. Que pudiera perdonar verdaderamente y ser libre de las mentiras que el enemigo había colocado en mi mente. Mi vida era un lío y ese lío solo podía resolverlo Dios. Era consciente de que sin su ayuda jamás lo lograría.

Regresando al testimonio del predicador, explicó que marcó la fecha y comenzó su viaje. Eran él y Dios, nadie más. El primer día fue intensivo y desgastante. Le confesó al Señor hasta el más mínimo detalle de su conflicto interno. Allí, en oración y a solas, depositó a los pies de Cristo todas sus cargas. Los restantes cuarenta y cuatro días solo se dedicó a dar gracias por la obra que Dios haría en él. Al final de ese periodo su vida había sido transformada. Desde el episodio que relataba habían transcurrido muchos años, pero seguía transmitiéndolo con una firmeza admirable. ¡Eso me impactó! No recuerdo muchos detalles de lo que vivió durante esos días en su proceso, pero puedo afirmar que sentí como Dios me invitaba a confiar en Él y en Su oportuno socorro.

Desde ese instante comenzó una revolución dentro de mí y me dispuse a dar "pequeños pasos de fe". Salí de mi zona de "confort", y emprendí la primera etapa de mi viaje hacia la transformación. El objetivo era entrar en la crisálida. Necesitaba conectar con mi diseño. En ese lugar oscuro y aparentemente solitario comenzaría a gestarse la nueva "YO". Esto lo hice con la absoluta convicción de que era mi tiempo de transicionar.

No puede haber una transformación sin confesión de nuestros pecados, errores, faltas, y sentir el arrepentimiento.

Estaba dispuesta a todo por alcanzar mi sanidad emocional. Decidí esconderme en el hueco de Su mano. En la oscuridad de la crisálida y con lágrimas en mis ojos humillé mi corazón ante aquel que todo lo sabe, todo lo ve y todo lo puede. Al Dios que dice la Biblia que conoce hasta lo más íntimo de nuestro ser y escudriña nuestros corazones. Doblé mis rodillas, postré mi corazón y hablé con Dios. Ese primer día había muchas cosas que necesitaba dejar a Sus pies. Lo primero que hice fue confesar mis pecados y pedirle perdón. No puede haber una transformación sin confesión de nuestros pecados, errores, faltas, y sentir el arrepentimiento. La tendencia moderna apunta a que esas cosas no son necesarias, pero la Biblia expresa todo lo contrario (1 Juan 1:9). El pecado crea una barrera entre nosotros y Dios, e interrumpe, detiene y corta nuestra comunión con Él. Seamos intencionales y aprovechemos ese medio de gracia que el Señor nos ha otorgado para arreglar nuestros asuntos con el Eterno.

El pecado crea una barrera entre nosotros y Dios, e interrumpe, detiene y corta nuestra comunión con Él.

Lo segundo que hice fue reconciliar mi corazón con el suyo. No basta con reconocer el pecado y arrepentirnos, también debemos reconciliarnos con el Amado. El aspecto de la reconciliación lo interpreto como el acto de volvernos a unir en ese vínculo de amor perfecto. Pienso que es maravilloso expresar lo que sientes sin temor, sin rencor y con total confianza. Reconociendo lo que dice la Escrituras que, *"El perfecto amor de Dios echa fuera el temor" (1 Juan 4:18)*. Logrando así un ambiente de armonía con el Espíritu Santo. Esa fue la manera en la que logré expresarle mi dolor, sin coraje ni acusaciones.

El siguiente paso, aun dentro de esa oración, fue recordarle mi niñez, y con ello mis traumas; el rencor que había en mi corazón y lo que estaba viviendo en ese presente tan oscuro. Tenía claro que mi aflicción era tan severa que había perdido la capacidad de funcionar plenamente. Fue por esto por lo que hice algo que podría parecer una locura para nosotros los cristianos: le entregué mi libre albedrío al Señor. El libre albedrío se define como la potestad que tiene el ser humano de obrar según considere y elija. Es un regalo de Dios, pero a la misma vez, es una gran responsabilidad. Honestamente, yo no había sido responsable de mi libre albedrío. Por esa razón, conociendo mi estado emocional y la manera como eso distorsionaba mi capacidad de obrar y decidir correctamente, no estaba dispuesta a continuar tomando decisiones por mi cuenta. Quería tener un corazón sano, puro y libre de toda contaminación que fuera capaz de escuchar la voz de Dios y obedecerle.

En ese desahogo con el Señor, por primera vez me percaté de que había almacenado muchos recuerdos dolorosos y situaciones que, aunque parecían insignificantes, tenían el potencial de trasladarme a ellas en cada experiencia negativa que vivía. Guardaba coraje, ira, resentimiento y toda clase de emociones tóxicas y negativas. La decisión de rendirme a Él y entregarle mi voluntad era un reto enorme. Decidir perdonar a quienes consideraba que me habían hecho daño emocional y arruinaron mi autoestima, no estaba en debate. Era sí o sí.

Debo confesarte que al ir sacando cada una de esas ataduras emocionales comencé a sentir gran presión en el pecho y el corazón se desbocó. En segundos, percibí que me faltaba el aire. No era la primera vez que experimentaba algo así. Buscaba en mi mente palabras de afirmación, palabras que me recordaran las Escrituras, aquellos textos preferidos, pero mi recuerdo parecía tan vacío como una hoja de papel en blanco. Lágrimas de desesperación humedecieron mis mejillas. ¡Me sentía como una niña anhelando el abrazo y consuelo de su papá! El mismo que siempre aguardé de mi papá terrenal, pero que jamás llegó, pues no supo brindarlo. En ese desahogo, percibí que la niña herida seguía viva, más viva que nunca dentro de mí. Aunque mi papá no estaba vivo, mi corazón anhelaba que estuviera conmigo. ¡Oh, cuántas lágrimas derramé en el recuerdo!

En ese tiempo cuidaba a mi primer nieto de solo unos meses de vida, así que tuve que reponerme. Me incorporé y comencé a caminar en la pequeña habitación donde me encontraba.

¡Continué buscando aire! No resultó sencillo, pero finalmente logré recomponerme. Aquella experiencia me había confrontado brutalmente con la verdad que ocultaba. Pero aquello solo fue el principio, quedaban muchas experiencias que suponían verdaderas amenazas para mi estabilidad emocional, mental, física y espiritual.

Amaneció el segundo día del proceso y acudí de nuevo a mis rodillas. Lo hice con la convicción de que esa jornada sería diferente. Ya había pasado el tiempo de la confesión y ahora llegaba el de la gratitud. Tocaba dar gracias a Dios por la obra que comenzaba a hacer, así era el diseño del plan de cuarenta y cinco días. Lo que no esperaba ni había entrado en mi cabeza, es que se me haría tan difícil ofrecer palabras de gratitud al Señor. El agradecimiento es el reconocimiento que alguien siente hacia quien le ha otorgado un favor o un gesto de amor y bondad. ¡Y cuántos gestos de amor, de bondad y de favor Dios había tenido conmigo! Pero la frustración en mi corazón era tan grande que me pareció inútil ser agradecida. Fue todo lo contrario, regresé al mismo discurso del día anterior. Repetí nuevamente la misma historia y me invadieron los mismos síntomas: de nuevo la sensación de faltarme el aire, y otra vez el corazón se desbocó. Me incorporé de mis rodillas, mareada y sintiéndome morir. "¡No puedo hacer esto!, ¡No lo lograré!" Gritaba mi alma con desesperación. "¡Dios, Tú no puede estar en este asunto!" Esos eran los pensamientos que asaltaban mi mente constantemente. Estaba dispuesta a rendirme; era demasiado dolor que me causaba conectar con las heridas de mi pasado. La decisión de caminar en busca de una transformación estaba siendo confrontada con mi realidad. Me sentía débil, frente a aquella encarnizada lucha entre la carne y el espíritu.

Hace tiempo atrás escuché una frase muy interesante que decía: "Cuando el alma llora por lo que ha perdido, el Espíritu ríe por lo que está haciendo". Literalmente, mi alma estaba llorando por las cosas que había perdido, por las que me habían quitado y por el desastre que era mi vida en ese tiempo. No lograba ver a mi espíritu reír. No veía la luz. Era un momento crucial. Sé que con estas líneas te he sumido en un desierto, pero no te desanimes, prometo no dejarte en este erial, en los próximos capítulos entraremos juntos a la tierra prometida.

Capítulo 5

Identidad restaurada

En aquel tiempo de profundo decaimiento, hice lo que había hecho en ocasiones anteriores, busqué ayuda en mi prima Mary. Nosotras siempre hemos sido muy unidas. Cada vez que me sentía con el ánimo por el suelo la llamaba para que, aunque estábamos lejos la una de la otra, me diera ánimo y aliento. Recuerdo que me dijo: "Debes hacer ejercicios de respiración. Respira profundamente por la nariz y luego exhala lentamente por la boca. Esa la técnica de relajación más recomendada para episodios como el que estás atravesando. Por último, bebe un vaso de agua, pues eso contribuye a la oxigenación del cuerpo".

¡Así lo hice! Y mientras ingería el agua anhelaba con todo mi corazón que esta bajase por mi garganta dejando a su paso un torrente de oxígeno y paz que contribuyeran a mi restauración física y emocional. Además de esas prácticas a favor de mi cuerpo, retomé la oración. Con lágrimas bajando por mis mejillas le decía al Señor que me ayudara a expresar gratitud por lo que Él estaba haciendo en mi vida. Apenas estaba en el segundo día.

Los días siguientes representaron un tremendo desafío. Pasaba las mañanas, tardes y noches, intentando ser agradecida. Creo que uno de los retos más difíciles que experimenté durante esos cuarenta y cinco días fue entregarle mi carga por completo al Señor y agradecer por su obra en mí. Cuando uno atraviesa situaciones difíciles, quiere soluciones rápidas, fáciles y efectivas. Los procesos no son divertidos, requieren tiempo y a nadie le gusta pasar por dolor y quebranto. Es muy normal. Todos queremos estar bien, sentirnos bien y ser felices. Yo no había encontrado ninguna solución rápida, ni sencilla, ni tampoco la alegría que anhelaba, por el contrario, fueron transcurriendo los días y seguía ahogada en el mismo pozo de la desesperación. Luchaba con los pensamientos mientras trataba de canalizar mis emociones y sentimientos a la luz de la Palabra de Dios.

Si comenzaste a caminar hacia tu restauración ya no estás en el lugar donde empezaste.

En un ejercicio orientado a fortalecer mi fe, recordaba las situaciones que había superado y cómo la mano de Dios nunca me había soltado. Fui rigurosa en la práctica de los ejercicios de respiración. No obstante, descubrí que en estos procesos de sanidad hoy puedes levantarte con mucho ánimo y entusiasmo y en menos que nada volver a sentirte completamente desarmada y con el mundo encima de ti. ¡Y no pasa nada! Es parte de la trayectoria y hay que continuar hasta alcanzar la meta. Quiero que grabes en tu memoria que si comenzaste a caminar hacia tu restauración ya no estás en el lugar donde empezaste. ¡Te aseguro que has avanzado!

Algo importante que deseo recordarte es que cuando nos aferramos a Dios y buscamos Su ayuda, ¡No estamos solas! Elegir el camino de la sanidad agarrada de la mano de Dios es escoger la senda de la transformación, de la verdad y la fuente de vida eterna. Siempre digo, y lo escucharán vez tras vez de mis labios, "El proceso puede ser difícil y hasta desafiante, pero es necesario". Si decidimos avanzar con Cristo Jesús, el camino recorrido será glorioso. Te animo a caminar por fe. La Biblia afirma que el viaje que Cristo nos propone no es por vista, sino por fe. La fe nos lleva más allá que la vista. La vista tiene un límite, la fe no tiene límites, esta nos permite recorrer el camino con la seguridad de que, aunque no vemos un final, indudablemente este será extraordinario. La decisión de sanar conlleva perseverancia y resistencia porque en el proceso somos desafiadas y tentadas a abandonar.

Cuando estaba en el día cuarenta, de los cuarenta y cinco que había pautado en el proceso, me sentía igual que el primer día. Esto era incomprensible e inconcebible, y también era desalentador. Busqué en el internet para ver si daba nuevamente con el predicador y su historia. Necesitaba saber en qué había fallado. Busqué y busqué, pero ¡nunca más apareció! Ni siquiera puedo recordar su nombre porque sencillamente era la primera vez que lo escuchaba, y también resultó ser la última. Fue ahí donde tuve que decidir si creer o dudar de la capacidad de Dios para obrar. Quedaban cinco días y una consecuencia añadida fue que el terrible desajuste emocional que vivía me quitó todo deseo de ingerir alimentos, por lo que me sentía débil, agotada y enferma. La ansiedad continuaba y al padecer de insomnio sufría a diario fuertes ataques de migraña. Al hacerte partícipe de mi historia no intento infundirte temor o preocupación, por el contrario, lo que busco es que, si tú estuvieras atravesando una situación similar, entiendas que no eres la única, que tus sentimientos y emociones no son algo raro y exclusivo, y que de eso se sale. Es como romper con un viejo hábito nocivo, una vez se rompe el patrón dañino, comienzan a sentirse los aires saludables de la nueva estación.

Llegó por fin el día cuarenta y cinco. ¡Jamás olvidaré esa jornada! Me despertaron los rayos del sol que entraban por la ventana de la pequeña habitación donde me encontraba. Sus destellos alumbraban como nunca, disipando la oscuridad de la noche. No obstante, al abrir mis ojos, volví a sentir el impacto de mi corazón roto, y comencé a llorar. Estaba desconsolada, incapaz de entender que Dios me hubiera olvidado y que no tomara en cuenta mis lágrimas, pasando por alto mi aflicción. Si te digo la verdad, pensé que todo mi esfuerzo había sido en vano. Pero como dicen, ¡hubo un "de repente"! De forma sorpresiva e inesperada, algo comenzó a suceder en la atmósfera. Se produjo un repentino silencio. ¡Creo que el tiempo se detuvo por un instante! Algo estaba ocurriendo en el ámbito espiritual. No sé cómo pasó, pero sin duda alguna sé que fue el Espíritu Santo quién abrió mi boca como trompeta y las palabras que surgieron fueron estas: "Padre, Tu Palabra dice que yo soy Tu hija y que Tú eres mi Padre; por lo tanto, reclamo Tu paternidad en mi vida en este momento" ¡Fue instantáneo! De inmediato, comencé a sentir cómo mi mente y mi corazón se alineaban con la verdad de Dios, con la realidad de un Padre que nunca estuvo ausente. Aquella presencia fue tan especial y sublime que mi cuerpo se impregnó del dulce amor de Dios.

¡Fue una experiencia extraordinaria! Recibí aliento de vida y el dolor que llevaba años soportando desapareció en aquel instante. ¡Respiraba aires de libertad a mi favor! Pude percibir de forma tangible y literal como se iba la ira, el rencor, la vergüenza y la frustración. ¡Estaba sorprendida! Mi Padre me había escuchado. Prorrumpí en expresiones de gratitud mientras brotaban lágrimas a raudales, pero ahora no lloraba de tristeza, lloraba de alegría. ¡Mi Papá me visitó! ¡Su presencia era real en mí! Su ternura me cubría y me llenaba por completo, no había una parte en mí que no fuera impregnada por esa sensación de paz.

Lo que estaba sucediendo en aquella pequeña habitación y experimentaba en mi alma era algo indescriptible, similar a lo que describe la Biblia en *1 Reyes 19: 9* cuando Elías se encontraba totalmente atemorizado en el interior de una cueva, y Dios irrumpió en el lugar. Lo más interesante de esa experiencia es que la visitación no le llegó al profeta a través de un poderoso viento que sacudiese el monte y quebrase las rocas, tampoco a través de un terremoto y mucho menos mediante el fuego, sino mediante un apacible silbo. Así lo expresa la Biblia, que a través de un susurro y una brisa apacible fue como Elías tuvo la iluminación y revelación de un Dios de amor; un Padre verdadero que se manifiesta de distintas maneras para dejarnos saber cuánto nos ama. Esa es la descripción que más se ajusta a lo que yo experimenté en ese momento.

Aquella maravillosa experiencia marcó el inicio de mi restauración. Por primera vez conectaba con mi verdadera identidad, la de mi Padre Celestial. Conecté con esos textos que me aseguraban y me siguen confirmando luego de todos estos últimos años que lo que recibí no fue producto de una emoción pasajera, ni de algo místico, sino de una verdad promovida en el reino de los cielos. *Romanos 8:15 dice: "Pues no habéis recibido el espíritu de esclavitud para estar otra vez en temor, sino que habéis recibido el espíritu de adopción, por el cual clamamos: ¡ABBA, Padre!"*

No podemos pasar al siguiente nivel ni entrar a la nueva temporada mientras no pongamos en orden los asuntos pendientes.

Luego de esta majestuosa experiencia yo era consciente de que tenía muchas cosas externas que resolver y así lo hice. No podemos pasar al siguiente nivel ni entrar a la nueva temporada mientras no pongamos en orden los asuntos pendientes. Se trata de tomar decisiones. Nuestro nuevo tiempo requiere que seamos libres para disfrutar de los beneficios del reino. Dios hace Su parte, pero nosotras tenemos que hacer la nuestra, con el pensamiento afirmado en la verdad de que somos hijas de Dios.

Sin esa afirmación de Su Paternidad no sé qué hubiera sido de mi vida. Por eso, mi compromiso desde entonces es testificar del amor de mi Abba Padre. Vivo conectada a la fuente de mi salvación, que es Cristo Jesús. Conectada al manantial de mis recursos, de donde proviene la vida, y vida en abundancia. En esta trayectoria de metamorfosis aprendí a amarme y a aceptarme como soy. Mujer, qué rico se siente cuando puedes decirte a ti misma, ¡Me amo! ¡Me acepto! ¡Soy imagen perfecta de un Dios vivo que me ama! ¡Soy maravillosa! Haz este ejercicio, abre tus labios y expresa esas afirmaciones. ¡Te desafío en este mismo momento a intentarlo! Verás como cambiará tu semblante.

Tengo que decirte que vivo agradecida del Señor. Mi alma y mi espíritu rebosan de alegría y expresan palabras de gratitud de forma instantánea. Ahora, no me cuesta dar gracias por mi pasado, ni por mi presente, y tampoco por mi futuro. Ya no busco migajas de amor, porque el verdadero amor me encontró. No mendigo seguridad ni aceptación en el hombre. ¡En Cristo Jesús estoy segura! En Él encontré mi propósito, mi destino y mi diseño. ¡Tengo herencia! ¡Tengo identidad!

Ciertamente, no hay manera de que la presencia del Señor se manifieste en un lugar y nos quedemos igual. Al contrario, el Espíritu Santo interviene para hacer todas las cosas nuevas. Ese día, aunque mi alma estuvo afligida y llorando por mucho tiempo, por fin vi hecho realidad la parte final de la frase que había escuchado: *"Mi espíritu pudo sonreír"*.

El impacto que produce la dulce e incomparable presencia de Dios es nuestras vidas, lo transforma todo. Querida lectora, es maravilloso comprender el amor de Dios y permitirle realizar su majestuosa obra en nosotras. Él nos ama tanto que no mira nuestra condición, lo que mira es la sangre de Su amado hijo, derramada en la cruz del calvario. Ese glorioso e incomparable sacrificio de amor que lleva nuestro nombre. Si eres María, Diana, Luz, Carmen, Sofía, Lucia, Marilyn, Blanca, Isabel, _____ (escribe en ese espacio tu nombre), cualquiera que sea tu nombre, está incluido en aquel maravilloso sacrificio de amor. No te sientas intimidada, inadecuada o rechazada por tus vivencias. Dios no toma en cuenta nuestra dureza de corazón, ni las veces que le hemos fallado, o las veces que tuvimos falta de fe para afrontar un dilema en nuestra vida. Su amor es eterno e inagotable. ¡Él nos invita una y otra vez a Su encuentro! Nos dice: "Ven, hija mía, amada mía, necesitas un tiempo a solas conmigo". Si respondemos afirmativamente a Su invitación, esos encuentros íntimos y únicos serán tiempos transformadores, renovadores y reveladores. Aceptar esa cita divina con el Abba Padre tiene la capacidad, el objetivo y la misión de ordenar nuestros pasos para escribir un nuevo capítulo en nuestra vida. Es un nuevo comienzo nutrido de posibilidades nunca vistas y experiencias que transcienden el intelecto humano. La Biblia dice que *"Por Dios son ordenados los pasos del hombre"*, *(Salmos 37:23).*

> *Dios está dispuesto a caminar contigo el sendero de tu transformación hasta completar Su buena obra en ti.*

No hay duda de que Dios está dispuesto a caminar contigo el sendero de tu transformación hasta completar Su buena obra en ti. Eso fue lo que hizo conmigo. Nuestro Padre Celestial no nos obliga a nada, pero está deseoso de que aceptemos Su ayuda para activar Su plan de emergencia. Te confieso que humanamente me faltaban las fuerzas, el valor y el coraje para luchar contra lo que había dentro de mi alma. Hoy testifico que ¡Cristo lo hizo! ¡Su gracia me alcanzó sanando mi corazón! Pero ¿Cuándo fue posible esa sanidad? Cuando tomé la decisión de dar pequeños pasos de fe hacia mi nueva temporada.

Nuestro Creador es el único que puede reparar lo que está roto dentro de nosotras y como médico por excelencia, sanar lo que está enfermo. El único amor fiel y verdadero. El que al llamarnos hijas nos afirma en Su verdad y desarraiga de nuestro corazón el espíritu de orfandad con el que algunas hemos cargado desde nuestra niñez. Desarraiga esa culpa que ha alborotado tu ser interior, quita toda ansiedad, temor, vergüenza, miedos y desplaza por completo todo lo que ha dañado tu estima. Te puedo garantizar que no importa lo que hayas atravesado o estés atravesando en tu vida, Dios lo utilizará para tu bien.

Reflexiona en estas preguntas: ¿Cuánto tiempo hace que no vives tu vida a plenitud? ¿Cuánto tiempo llevas viviendo con una máscara puesta intentando ocultar tu dolor? ¿Cuánto tiempo llevas sin soltar una carcajada de felicidad? No hablo de una sonrisa ficticia, me refiero a sonreír desde el alma. Indudablemente, no estás leyendo este escrito por casualidad. Dios es un Dios de propósitos eternos. ¡Y tú le importas! ¡Tu futuro le importa! Es tiempo de vivir a plenitud y de reír a carcajadas. El Señor anhela que seas esa mujer "Que se reviste de fuerza y dignidad y mire sin preocupaciones, ni temores el porvenir" *(Proverbios 31:25)*.

Las preguntas que surgen después de hacerte partícipe de estas pinceladas de mi historia son: ¿Conoces quién eres? ¿Tienes clara tu Identidad? ¿Conoces a tu Abba Padre? ¿Estás decidida a dar esos pequeños pasos de fe?

Te invito a desnudar tu alma sobre estas líneas

_____

_____

_____

_____

_____

_____

_____

_____

¿Qué te parece si ahora levantamos una oración? *Padre, gracias te doy porque hoy recibo Tu sanidad, la sanidad en mi mente, en mis emociones y mis sentimientos. Recibo la sanidad en mi identidad para verme y aceptarme como tu hija y en todas las áreas de mi vida que la necesite. Ayúdame a confiar en Ti como Padre. Enséñame que no hay un amor más grande y maravilloso que el que Tú me ofreces cada día y que todo lo que necesito lo puedo hallar en Ti. En el nombre de Jesús, Amén.*

Aquí te comparto algunas citas bíblicas que responden a las preguntas: ¿Quién Soy? Y ¿Cuál es mi propósito de vida? Te invito a que las estudies con detenimiento y en oración.

Génesis 1:27
Corintios 5:17
Salmos 139:13-16
Filipenses 3:20
Efesios 2:10
Gálatas 4:7
Efesios 1:6, 12, 14
Jeremías 1:5

Génesis 3:15
Juan 1:12
1 Pedro 2:9-10
Santiago 1:18
Romanos 8:15
Isaías 43:7
Salmos 138:8
Jeremías 29:11

Para cerrar este tiempo, te animo a hacer tuyas unas palabras de afirmación:

- *¡Me amo y me acepto como soy!*
- *Soy hija de Dios y amada por mi Padre.*
- *Soy la niña de los ojos de mi Padre.*
- *Soy aceptada por medio de la Sangre de Cristo.*
- *Fui creada con destino y propósito.*
- *Mi destino está asegurado por mi Padre.*
- *Tengo identidad por medio de Cristo Jesús.*
- *Estoy dispuesta a comenzar a dar pequeños pasos de fe.*

Pequeños pasos de fe
Capítulo 6

Cree

"Y bienaventurada la que creyó, porque se cumplirá lo que le fue dicho de parte del Señor" Lucas 1:45.

Me fascina cuando la Biblia expresa que la mujer que le cree a Dios es bienaventurada, dichosa o feliz, a la vez que afirma que Él cumplirá lo que se ha dicho de ella en el cielo. Una de las cosas que deseo transmitirte de entrada es que Dios no esconde de nosotras sus buenas intenciones.

A lo largo de estos últimos años, aprendí que Dios no tiene muchos planes con nosotras, Él tiene un plan maravilloso y lo quiere llevar a cabo en su totalidad. Estas y otras palabras dichas en las Escrituras fueron las que renovaron mis fuerzas y me dieron el valor para hacer cambios significativos en mi vida. Me animaron a avanzar hacia nuevos horizontes, a cerrar capítulos y dar los pasos necesarios para comenzar mi nueva historia. La misma ha sido dirigida por el Espíritu Santo, quien me enseñó que soy hija de Dios y que mi identidad proviene de Su eterno amor y Su infinita e inmerecida gracia. Me certifica que tengo herencia y propósito de vida. También aprendí que mi amado Padre tiene una agenda preparada con mi nombre y en ella está escrito todo sobre mí. Y, ¿sabes qué? También está el tuyo. ¡Somos conocidas en el cielo! Mira lo que nos revela *Jeremías 1:5: "Antes que te formase en el vientre te conocí, y antes que nacieses te santifiqué, te di por profeta a las naciones"*.

Cada enseñanza del Espíritu Santo fue revelándome más y me ayudó a comprender mejor mi caminar en Cristo. Comenzaré diciéndote que hay principios fundamentales que debemos conocer cuando decidimos transicionar. El primero de ellos probablemente ya lo hiciste, y si no, es urgente que lo hagas: aceptar a Cristo como único y exclusivo Salvador. Jesús dijo en *Juan 15:5* *"Separados de mí, nada podéis hacer"*. También dijo en *Juan 10:10:* *"Yo he venido para que tengan vida y la tengan en abundancia"*. No es cualquier vida la que recibimos al entregar nuestro corazón al Señor, es una vida libre, abundante, próspera y bendecida.

No es cualquier vida la que recibimos al entregar nuestro corazón al Señor, es una vida libre, abundante, próspera y bendecida.

Podría estar mucho tiempo brindándote información para que hagas todos tus sueños realidad, y posiblemente lo logres. Pero, cuando se trata de cumplir el sueño de Dios en nuestras vidas, no hay otra manera que no sea comenzando por establecer esa base contenida en el primero de los principios. El segundo principio es mantener un contacto directo con la Palabra de Dios juntamente con la oración. Si hago lo primero y no hago lo segundo, estaría dando palos a ciegas. La Palabra de Dios nos conecta con nuestro Creador, a la vez que nos revela al Padre. En segundo lugar, nos dice quiénes somos en Él y en tercer lugar, nos revela Su plan perfecto cuando nos pensó. *Proverbios 3:5-6 dice: "Fíate de Jehová de todo tu corazón, y no te apoyes en tu propia prudencia. Reconócelo en todos tus caminos, y Él enderezará tus veredas"*. Pero no podemos olvidarnos de la oración, ya que es la llave que abre las puertas de los cielos y nos brinda, por medio del sacrificio de Cristo, acceso directo al Padre. Si hiciste lo anterior, estás preparada para descubrir el potencial que tienes como hija de Dios.

La Biblia relata infinidad de historias y contiene abundante información que nos guía en el proceso de convertirnos en una mujer que logra transicionar. En las Escrituras nos encontramos con mujeres que caminaron bajo el diseño previsto por Aquel que las creó. Una de ellas la encontramos en *Lucas 1:45*. Allí aparece el cumplimiento de una promesa poderosa dada en *Génesis 3:15*. Es un relato extraordinario y sorprendente.

En mi opinión, María es el mejor ejemplo de una mujer que transiciona. Ella era una dama igual a ti o a mí. Tenía planes, proyectos, sueños y anhelos. Permíteme que te recuerde algunos aspectos de su historia. María estaba a punto de casarse con su galán, el hombre de su vida. Todo estaba preparado y ella estaba en espera de que su amado regresara para completar lo que sería su casamiento. Pero entonces llegó el "de repente" de Dios, quien la visitó por medio del ángel Gabriel, quien sorprendió a la joven con un increíble y fenomenal saludo: *¡María eres muy favorecida, el Señor es contigo, bendita tú entre todas las mujeres!* Wow. ¡Increíble apertura la del ángel! Me imagino el corazón de María palpitando a cien millas por hora.

¿A cuántas nos encantaría tener una experiencia como esa? ¡Creo que a todas! Era un momento especial para la vida de María. Ese saludo transcendía al conocimiento o a cualquier expectativa que ella tuviera de sí misma. Le estaba revelando cómo ella era vista en el cielo, por lo que esto nos asegura que no fue escogida al azar. El testimonio de María era conocido en las esferas celestiales. ¡Qué extraordinario saber que somos observadas y conocidas por el Dios todopoderoso! Y que, además, está dispuesto a sorprendernos en cualquier momento como lo hizo con María.

Regresemos al instante de la visitación angelical. María está parada, casi petrificada frente al ángel. ¡No! No estaba soñando, ¡era real! Lo siguiente que escucha tras el saludo, fue aún más impresionante: *"María no temas, porque has hallado gracia delante de Dios, y ahora, concebirás en tu vientre, y darás a luz un hijo, y llamarás su nombre Jesús" (Lucas 1:30-33).*

Para una joven virgen esto sería inaudito y hasta un insulto a la lealtad que ella tenía por su prometido. ¡María está en los preparativos de su boda! Se supone que ese es uno de los momentos más significativos e importantes de la vida de una mujer, donde todo el esfuerzo está enfocado en lo que será ese gran día. Nada puede interferir en ese evento, y mucho menos aceptar una propuesta como esa.

¿Cómo podría aceptar algo así? Aquí es donde mi corazón resultó impactado. Cuando comencé a entrar en profundidad en el relato bíblico, observé que esta mujer no estaba desconectada de su vida espiritual. Aunque sabía que la propuesta del ángel conllevaría desafiar las normas, principios y leyes terrenales, estaba dispuesta a asumir el reto y honrar a Dios. Cuando María le dijo al ángel: *"He aquí la sierva del Señor; hágase conmigo conforme a tu palabra",* esto denota que esta joven mujer tenía su identidad clara, sabía que Dios tenía algo grande con ella y estaba dispuesta a confiar plenamente en Él.

Cuando una mujer se pone a disposición del Señor, permitiéndole hacer Su voluntad en ella y tomar el control de su vida, inmediatamente los ojos del Eterno están puestos sobre ella para transformar todo su destino. Dice la Biblia en *2 Crónicas 16:9:* *"Porque los ojos de Jehová contemplan toda la tierra, para mostrar su poder a favor de los que tienen corazón perfecto para con Él".*

Los ojos del Altísimo estaban puestos sobre María. Esto es increíble porque había muchas mujeres en aquel tiempo, pero de todas ellas, una fue escogida y mirada con gracia. Solo una fue hallada con la valía necesaria para ejecutar el plan y propósito más sublime de la historia. Solo un vientre albergaría el cumplimiento de la profecía mesiánica. Solo una mujer lo defendería hasta la misma muerte. Solo una sería capaz de soportar el peso de traer al Hijo de Dios a este mundo. Esa actitud de recibir las palabras dadas por el ángel, de creer y aceptar la voluntad de Dios, provocó que fuera llamada bienaventurada. Pero esto no se queda ahí, María nos dejó un legado de lo que es una mujer valiente, decidida y de una fe inquebrantable. No solo cambió su destino e impactó a su generación; esta mujer, con la decisión que tomó, afectó el destino de la humanidad para siempre.

> *Todas tenemos un vientre profético que carga sueños, anhelos, metas y, más importante aún, carga un propósito de vida.*

Nosotras también tenemos la capacidad, otorgada por medio de Cristo, de cambiar, no solo nuestra historia, también el futuro y el destino de nuestra generación y de generaciones futuras. Cuando miro con detenimiento la vida de María me doy cuenta de que todas fuimos diseñadas con un propósito, pero cada una tenemos una asignación especial. Basándonos en esa asignación, Dios nos capacita con las herramientas necesarias para cumplirla. La buena noticia es que ¡Todas podemos transicionar en el propósito y diseño de nuestro Creador como lo hizo María! Todas tenemos un vientre profético que carga sueños, anhelos, metas y, más importante aún, carga un propósito de vida.

Cada detalle de lo que Dios habló de nosotras antes de ser formadas en el vientre de nuestra madre, se cumplirá en su totalidad. Esto es posible cuando nos ponemos en acuerdo con lo que Dios ha dicho, decidimos creerle y nos abandonamos en Sus brazos de amor. Por eso y por mucho más, te animo a que abraces con valentía lo que Dios ha destinado para ti. Como hijas de Dios entramos a un momento íntimo donde pedimos al Espíritu Santo Su intervención divina.

Cuando miras tu vida, ¿crees que Dios tiene una asignación especial para ti?

Desnuda tu alma en las siguientes líneas

_____
_____
_____
_____
_____
_____
_____
_____

Te propongo sellar este momento con una oración: *Padre, reconozco que muchas veces me ha faltado la fe para creer en lo que has dicho de mí. Desde hoy decido creer por encima de las circunstancias y declararé con mis labios que Tu propósito ha de cumplirse en mi vida y en la de mi generación. En el nombre de Jesús, amén.*

Aquí comparto contigo algunas palabras de afirmación:

- *Fui creada con propósito.*
- *Soy una mujer a la que Dios mira de cerca.*
- *Soy conocida en el cielo.*
- *Soy un instrumento de Su gloria.*
- *Acepto vivir creyendo en Su Palabra y lo que Dios ha dicho de mí.*
- *Soy bienaventurada.*
- *Tengo una asignación especial y la cumpliré.*

Capítulo 7

Decisiones

"Benditos los ojos de ustedes porque ven y sus oídos porque oyen"
Mateo 13:16.

Las decisiones son una parte esencial de nuestra vida. Diariamente, enfrentamos situaciones en las que nos toca elegir entre distintas opciones. Desde cosas tan simples como: levantarnos de la cama o decidir lo que cenaremos; a otras decisiones mucho más complejas, como lo son aquellas que afectan nuestra vida, futuro, relaciones, llamado, entre otras. Es indudable que cada una de las decisiones que tomamos en nuestro diario vivir repercutirá en el mejor cumplimiento del plan de Dios en nuestra vida o en abortar y arruinar ese precioso proyecto.

¡Cuántas de nosotras tuvimos serias dificultades a la hora de tomar decisiones correctas! Yo soy la primera que levanto la mano. Las historias de nuestra vida revelan, en su mayoría, la realidad de una decisión que adoptamos en algún momento. ¡Cuántas nos hemos dicho esta frase!: "Si pudiera volver atrás, jamás tomaría de nuevo esa decisión".

Ahora bien, ¿cómo descubrir si en el momento presente estamos adoptando decisiones adecuadas? Como mujeres que buscamos transicionar hacia lo que Dios ha planificado para nuestras vidas, es indispensable hacernos determinadas preguntas.

Te propongo dos que son de suma importancia:

1.   ¿Estoy honrando a Dios con la decisión que me propongo tomar?

2.   ¿A qué consecuencias o resultados me expongo al tomar esta decisión?

Para responder con asertividad, la única alternativa que, basada en mi experiencia puedo sugerirte, es que tomes el tiempo suficiente para escuchar la voz de Dios. Él nos ha dado herramientas poderosas como lo son los sentidos. Los cuales tienen distintas funciones en nuestro cuerpo.

En esta ocasión tomaré un espacio para destacar el sentido de la audición y su relevancia a la hora de transicionar. Esta poderosa herramienta biológica tiene dos propósitos fundamentales. El primero es que en términos físicos nos ayuda a adaptarnos e interactuar con nuestro entorno. Además, permite que podamos percibir o adquirir conocimiento de las cosas. Pero si pasamos al ámbito espiritual, apreciamos que supera todo lo anterior, ya que es una de las maneras más eficaces como Dios nos ayuda a conectar con Su voz. La Biblia reseña que *"La fe viene por el oír, y el oír, por la palabra de Dios", (Romanos 10:17).*

Cada vez que tenemos la oportunidad de intimar con Él, de escuchar Su Palabra o Su consejo, el Espíritu Santo nos ministra por el sentido del oído. Por descontado que no me refiero a la capacidad física de escuchar, lo que quiero decir es que el Espíritu Santo activa nuestro oído espiritual. Jesús solía decir: *"El que tenga oídos para oír, oiga".* Esta expresión no tiene ninguna intención de ofender a la audiencia, simplemente Jesús estaba llamando su atención. Al contrario de lo que hoy buscan muchas personas que es ser reconocidas, aplaudidas y admiradas, a Jesús no le interesaba nada de eso, Él quería que las personas tomaran la decisión de escucharlo. Solo el que decide escuchar Su voz logra internalizar Sus palabras y llevar a cabo Su voluntad.

En este pasaje está claro que todos los presentes estaban mirando a Jesús, pero pocos le escuchaban. ¿No te ha pasado que le hablas a una persona y sabes que te está mirando, pero algo te dice que no ha escuchado ni una sola palabra de lo que le has dicho? Entonces, ¿crees que Jesús no sabía que muchos de los que estaban siguiéndole, apenas podían interpretar Sus palabras? No obstante, cuando les habló a sus discípulos, la expresión que Jesús utilizó fue diferente. Veamos en *Mateo 13:16: "Benditos los ojos de ustedes porque ven y sus oídos porque oyen"*.

Los tesoros del reino están listos para ser entregados a aquella mujer que los quiera recibir.

Hay una gran diferencia entre ambos contextos. Una de las audiencias, no asimiló Sus palabras. Seguían a Jesús, pero lo hacían por el beneficio terrenal que pudieran recibir. No obstante, al otro extremo estaba la audiencia que sí recibió todo el manjar que salió de los labios del Maestro. Esa audiencia que estaba escuchando y recibiendo Sus palabras eran Sus discípulos. Observa lo que Él les estaba ministrando. A los que oyen Mi voz, (dice el Señor) les es revelado los tesoros del reino. Los tesoros del reino están listos para ser entregados a aquella mujer que los quiera recibir. Si queremos cambiar el giro de nuestra historia y llevarla a mayores proporciones, debemos tomar la decisión, sin vacilar, de escuchar la voz de Dios.

Uno de los pasajes bíblicos que acuden a mi mente mientras escribo, es el que habla de Marta y María cuando recibieron la visita del Maestro. Ambas tuvieron la oportunidad de sentarse a los pies de Jesús para escuchar sus enseñanzas. Esos tesoros del reino estaban siendo depositados en la sala del hogar de estas mujeres. ¡Jesús, el dador de la vida y la sabiduría en todo Su Esplendor y Majestad, estaba en casa de Marta y María! ¿Te imaginas?

Sin embargo, Marta decidió continuar con sus quehaceres y rutina, mientras que María optó por soltarlo todo y preparar el sentido de la audición para escuchar lo que Jesús tenía que decir. Increíble, ¿verdad? ¿Será acaso, que el Señor solo estaba interesado en que María prestara su oído y luego le pasara la enseñanza o revelación a Marta? ¡Absolutamente, no! No es que el Señor prefiriera a María. Ambas pudieron haber sido bendecidas y empoderadas. De hecho, Jesús demostró Su deseo de bendecir también a Marta. Él anhelaba que esta mujer se sentara junto a su hermana y disfrutaran Su presencia y Sus enseñanzas. Observe Su trato amoroso para con ella, cuando le dice: *"Marta, Marta afanada y turbada estas con muchas cosas". (Lucas 10:41)*. Esa intervención de Jesús con Marta la puedo interpretar como el Maestro poniendo en su justa perspectiva la identidad de esta mujer.

Es necesario que reconozcas el tiempo de la visitación del Señor en tu vida. Marta pudo haber transicionado y darle un giro de ciento ochenta grados a su vida con una decisión. Ciertamente, tengo que admitir que, en la toma de decisiones, en muchos casos nos encontraremos como Marta y María. Está en nuestras manos elegir. Tenemos que aprender a priorizar entre las opciones que se nos presentan. No estoy aquí para hablar mal de Marta porque lamentablemente yo también fui Marta en un tiempo. Me costó mucho tomar buenas decisiones, y lo peor del caso es que pensaba que lo estaba haciendo bien. No fue hasta un momento de introspección donde pude responder a la voz de Dios con la responsabilidad y la atención que Él merecía.

Decidir escuchar la voz de Dios producirá cambios significativos y asombrosos hasta en las cosas más simples de tu existencia. Te confirmo esto con las palabras depositadas en la vida de María. Jesús le dijo a Marta: *"Una sola cosa es necesaria; y María ha escogido la buena parte, la cual no le será quitada"* (v. 42).

Que nadie te quite lo que este tiempo con Jesús puede significar en tu vida. Está en tus manos tomar buenas decisiones hoy. No es mañana, pues el mañana será maravilloso y espléndido dependiendo de la DECISIÓN que tomes HOY. Yo sé que mujeres necesitan, al igual que Marta, ser devueltas al lugar que les corresponde. Necesitan reverdecer, y ser impulsadas. Les urge tomar decisiones sabias para alcanzar su destino. Es posible que alguna me pueda decir que lo ha hecho bien, si es así, le felicito y le insto a seguir adelante, impulsando a otras con su testimonio. Pero, sé por la experiencia adquirida en todos estos años en los que el Señor me ha permitido trabajar directamente con mujeres, que muchas se encuentran en la posición de Marta. Están muy agobiadas, turbadas y desenfocadas del propósito de Dios. El Señor anhela que hagan un alto para escuchar Su voz. Recuerda la frase de Jesús a Sus discípulos: *"Benditos los ojos de ustedes porque ven y sus oídos porque oyen".* En este momento el Señor te hace una invitación personal para que entres a una dimensión nueva de Su Espíritu. ¿Por qué razón? Porque a través de Su voz serás encaminada hacia tu nueva temporada.

Dios está interesado en que hagamos un alto y tomemos un tiempo para agudizar el sentido del oído. Jesús dijo en *Mateo 7:24: "Cualquiera que me oye estas palabras, y las hace, le compararé a un hombre prudente que edificó su casa sobre la roca".* Decidir escuchar la voz de Dios te hace una mujer prudente y sabia. Personalmente, comparo escuchar la voz de Dios con seguir las pistas dejadas sobre un camino para poder encontrar un destino determinado. Esto, con el objetivo de que no perdamos el rumbo y lleguemos seguras y sin ningún contratiempo. Cuando Dios dirige nuestros pasos, el camino se hace más fácil y ligero.

Por esta razón, toda mujer necesita evaluar dónde está y hacia dónde quiere dirigirse en el contexto de la Palabra de Dios. Él es quien mejor puede dirigirnos. Evalúa con frecuencia tus prioridades. Decide con inteligencia. Toma tiempo para pensar y actuar. Sé mesurada, juiciosa y sensata a la hora de tomar una decisión importante en tu vida, por supuesto que no debemos entrar en exageraciones. Buscar dirección divina va más allá de cosas triviales como decidir que par de zapatos comprar, que corte de cabello me voy a realizar o si me hago un cambio de imagen. Nosotras sabemos que esos cambios externos solo producen satisfacción momentánea. Me refiero a esa decisión que cambiará tu vida para siempre. Porque al final de todo lo que hagas, definitivamente, todo comienza con una decisión.

Me gustaría que pudieras analizar, ¿cuál ha sido tu experiencia en la toma de decisiones? ¿Honraste a Dios en esas decisiones? ¿Crees que este es un nuevo tiempo para ti?

Te propongo desnudar tu alma en las líneas que siguen

_____

_____

_____

_____

_____

_____

_____

Sellemos este maravilloso tiempo con una oración: *Padre, reconozco que tú eres el único que puede encaminar mis pasos hacia el destino para el cual fui creada. Hoy más que nunca necesito que mis pasos sean dirigidos por Ti. Anhelo con todo mi corazón, abrir mis oídos espirituales para escuchar Tu voz. Sé que puedo confiar en Ti. En el nombre de Jesús, Amén.*

Te propongo unas palabras de afirmación:

- *Decido tomar el tiempo para ejercitar el sentido de la audición para escuchar tu voz.*
- *Decido ser una mujer sabia y prudente a la hora de tomar decisiones.*
- *Prestaré atención a Tus palabras para recibir Tu dirección.*
- *Decido esperar y confiar en Ti Señor, porque Tú sabes lo que me conviene.*
- *Hoy me propongo entrar a mi nueva temporada.*

Capítulo 8

Obediencia

"¿Y quién sabe si para esta hora has llegado al reino?", (Ester 4:14).

Todo lo que nos sucede en la vida nos agrega valor, nos da experiencia y nos convierte en personas capaces y fuertes para seguir superando obstáculos. A su vez, nos proporciona la capacidad de entrar en nuevos niveles espirituales para alcanzar lo establecido por Dios. En mi experiencia, no podría escribir este libro de autoayuda, si lo vivido no me hubiera hecho crecer en todas esas áreas.

Definitivamente, el Padre va a tomar cada proceso que enfrentes para brindarte la oportunidad de transicionar. Y, ¿cómo lo hace? Exponiéndote. Es decir, prepara el escenario perfecto para producir en ti el efecto deseado. Eso fue lo que hizo con Ester. La vida de esta mujer es una fuente de enseñanza para nosotras. Su historia, desde la niñez hasta la adolescencia, revela una triste realidad. Huérfana de padre y madre. Su primo Mardoqueo la adoptó como hija. Fue exiliada. Le cambiaron el nombre y la incorporaron al harén del rey.

Cuando leo el libro de Ester me confronta con una verdad que no puede ser pasada por alto. Transitó un largo proceso desde su niñez hasta su juventud. La Biblia no refleja que Ester se quejara en algún momento. Tampoco que viviera en desobediencia por su historia de vida. Al contrario, si hay una mujer obediente en el Antiguo Testamento, fue Ester. Hizo lo que su primo o papá adoptivo le indicó. Siguió paso a paso sus sugerencias, al punto de animarla a aspirar a una de las más altas posiciones en la jerarquía del imperio Persa. La obediencia de Ester la posicionó como la reina de Persia. La obediencia trae como fruto un nivel de influencia inesperado.

Ahora bien, el reto mayor para Ester apenas comenzaba. Sin lugar a duda, estaba en un lugar prominente y de máxima autoridad. Todo indicaba que había alcanzado la cúspide de su vida. Todo lo soñado estaba a sus pies. No obstante, ella desconocía que se encontraba en la crisálida de su verdadera transformación. Posiblemente, tú alcanzaste muchas cosas por la obra y gracia del Señor sobre tu vida. Pero eso no significa que llegaste al lugar donde Dios quiere llevarte.

Yo logré muchas cosas en mi vida, pero en el discurrir de estos últimos diez años descubrí que no había llegado al lugar que Dios tenía destinado para mí. A Ester le sucedió lo mismo. Aunque era reina de Persia le faltaba la prueba de fuego, esa prueba revelaría si su nivel de influencia no había dañado, trastocado, ni afectado en esencia quién era ella. Dios estaba probando su obediencia. Esta vez, no desde una posición de menor relevancia, sino desde una de las esferas más altas que ella podía alcanzar.

A continuación, un breve resumen de la historia. Se produjo una conspiración que perseguía el exterminio de los judíos y Mardoqueo le pidió a Ester que intercediera ante el rey por ellos. Esto no era algo sencillo para Ester, el primer paso era conseguir presentarse ante el monarca; aun siendo ella la esposa, no podía acceder a la presencia del rey sin citación previa; esa era una ley de obligado cumplimiento, y el transgredirla estaba penado con la muerte. De manera que, en ese momento, el temor a perder su posición de reina, e incluso su vida, jugó un papel protagónico y fue un desafío a su capacidad obedecer inmediatamente. Es entonces cuando Mardoqueo le recuerda que tal vez ella alcanzó el reinado con un objetivo: salvar a su nación. Lo hace a través del mensaje que forma parte de nuestro tema en este capítulo: ¿Y quién sabe si para esta hora has llegado al reino? Mardoqueo la confrontó con una pregunta reflexiva. No sé tú, pero yo me traslado a ese momento. Puedo escuchar a este hombre decirle: "Hija mía, te estás conformando con ser la esposa del rey, ¿acaso, te has preguntado si hay algo más para ti? No pienses que lo has alcanzado todo. Este es el tiempo de que mires el cielo y te remontes a las alturas. No hay otra oportunidad como esta. Si no la aprovechas, Dios buscará a otra persona".

¡Oh, Dios mío! ¿No te parece profunda la interpretación de las palabras de Mardoqueo? Recuerda que una reina no tenía muchos derechos, a juzgar por el relato. No hay lugar a dudas de que esa pregunta movió a Ester a la reflexión. Se tomó unos días de intensa búsqueda en la presencia del Señor junto a los judíos. Allí recibió no solo fortaleza y dirección, sino que Dios le proveyó de estrategias para ejecutar el plan y salir victoriosa.

> *Cuando respondemos en obediencia, Dios está dispuesto a darnos soluciones certeras en cada etapa que atravesemos.*

Esto me enseña que, *"La carne nunca estará disponible para hacer la voluntad de Dios, a menos que sea sometida a la obediencia de Cristo" (Mateo 26:41).* Por otro lado, me permite ver con claridad que cuando respondemos en obediencia, Dios está dispuesto a darnos soluciones certeras en cada etapa que atravesemos.

El relato de Ester es una obra maestra extraordinaria. Dios permite que el nombre de Ester y su legado queden plasmados en los registros de la historia como ejemplo de alguien que entró en un proceso lento pero contundente, hacia su transición. Su obediencia y sometimiento la colocaron en alta estima ante el pueblo y también ante su esposo. Ester no solo alcanzó una transformación personal, sino también un cambio de alcance nacional. Me parece que hay un tiempo donde debemos simplemente obedecer a Dios sin ningún tipo de resistencia, teniendo en cuenta que la obediencia trae bendición.

Dios, en su amor infinito, nos invita a entrar en ese nivel de obediencia donde solo Su Presencia es necesaria para alcanzar el nivel óptimo de realización. Recuerda esto, si decides que el lugar donde estás es suficiente jamás serás la mujer "influencer" y transformadora que puedes llegar a ser. A mi juicio, Ester fue una "influencer" para su tiempo, pero mucho más que eso, fue una provocadora de cambios. Una dama de tal calibre es un digno ejemplo para emular. No solo porque demostró que tenía la belleza y los atributos necesarios para ser coronada reina, sino que, además, fue una mujer decidida, valiente y temerosa de Dios. Su historia resalta el nivel de compromiso y lealtad con su fe, con su pueblo y con ella misma. (Te recomiendo que leas la historia completa en el libro de la Biblia que lleva su mismo nombre: Ester).

Concluyo con estas palabras. El libro que sostienes en tus manos y en cuya lectura te has sumergido, tiene como propósito principal despertar a la mujer del reino que está dentro de ti, de modo que, así como Ester hizo un día, también tú comiences a recorrer el camino hacia tu nueva temporada y logres llegar a ser quien Dios quiere que seas: una provocadora de cambios para esta generación y generaciones futuras. Recuerda que cada día que Dios nos permite vivir es uno lleno de espectaculares experiencias y grandes oportunidades. Es un camino que se abre ante nuestros ojos; un camino amplio y extenso que no tiene fronteras. ¡Tú decides!

Te invito a reflexionar en tu vida. ¿Cómo ha sido tu nivel de obediencia a Dios? ¿Crees que estás en la condición y en el lugar donde Dios quiere que estés?

Te invito a desnudar tu alma sobre estas líneas

_____

_____

_____

_____

_____

_____

_____

_____

Te invito a sellar este tiempo con una oración: *Padre, necesito que me ayudes a ser obediente a Tu palabra y a lo que Tú me pidas que hagas sin entrar en cuestionamientos. Ayúdame a entender que es mejor la obediencia que cualquier sacrificio que pueda realizar. Enséñame como a Ester a priorizar Tu voluntad por encima de la mía. En el nombre de Jesús, Amén.*

Algunas palabras de afirmación que bendecirán tu vida:

- *De hoy en adelante me esforzaré para obedecer Tu palabra.*
- *Caminaré recordando que la obediencia trae bendición a mi vida.*
- *Seré una mujer capaz de influenciar a mi generación como dice la Escritura.*
- *No me detendré hasta ver lo que Tú, Señor, has dicho de mí.*
- *Afirmo que soy una mujer del reino y que voy por más en el nombre de Jesús.*

Capítulo 9

Todo se inicia dentro de ti

"No os conforméis a este siglo, sino transformaos por medio de la renovación de vuestro entendimiento, para que comprobéis cuál sea la buena voluntad de Dios, agradable y perfecta" Romanos 12:2.

¿Has pensado, o te ha tocado vivir alguna vez, el estar cómoda en un lugar y tener que abandonarlo por circunstancias inesperadas? Es algo que nos desestabiliza y nos sumerge en la incertidumbre. En lo personal, he vivido esa experiencia muy a menudo. Te contaré con brevedad algo que me sucedió. Me mudé junto con mis hijas a un lugar maravilloso. Era una bonita casa establecida sobre una pequeña loma, de no demasiada altura, pero suficiente como para brindarnos una panorámica espectacular. Aquella casa era única por las cualidades que la rodeaban. Contaba con un balcón alrededor desde el que podíamos admirar la naturaleza y el mar a la distancia. ¡Las noches eran increíbles! Me extasiaba contemplando el firmamento nocturno, las estrellas, la luna y las constelaciones, y envuelta en la paz que emanaba aquel lugar, aprovechaba para hablar con Dios y hasta me parecía escucharlo.

Era el lugar perfecto que nos proporcionaba bienestar y seguridad. Pero, de pronto, una mañana sonó el teléfono y nos dieron la triste noticia de que teníamos que desalojar la casa. Cuando les di la noticia a mis hijas, gritaron unánimes: ¡Otra vez! Para unas muchachas que habían sufrido la separación de sus padres y atravesaron diversos procesos que las sumieron en inestabilidad emocional, este nuevo cambio se antojaba inaceptable. Imagina por un instante como me sentí, estaba frustrada y enojada. No sabía cómo responder a tantos cambios. Se me hacía muy difícil gestionarlos.

Pocos días después amaneció una jornada de esas en las que el nivel de tolerancia había caído bajo mínimos; fui sobre mis rodillas con un llanto que salía de lo más profundo de mi alma y dije: "Señor, ¿qué está pasando? Acaso, ¿te has olvidado de nosotras? ¿Por qué nos tienes de un lugar a otro?" Amable lectora, fue una oración desesperada e intensa y llena de muchas preguntas. Necesitaba urgentemente una respuesta a mi plegaria. Volcada en oración toda la carga, hice silencio y recuerdo como si fuera hoy, escuchar aquella voz tierna y suave en mi espíritu decirme: "Simplemente, no quiero que te acomodes". Fuerte, ¿no?

Te cuento que en aquel tiempo no entendí lo que Dios quería decirme. Fue muy difícil aceptar el proceso. Lo vi como un acto de poca misericordia de parte de Dios porque a pesar de que conozco el Evangelio desde temprana edad, me sentía vulnerable a causa de los acontecimientos que me tocaba vivir. Creo que somos muchas las que hemos vivido, experiencias inesperadas o bruscas que nos ocasionan un estado emocional de tensión, frustración, desánimo, dolor e incapacidad, entre otros. Ese sentimiento, o desequilibrio emocional que nos produce el no entender ciertos asuntos o cambios en nuestras vidas, pueden llevarnos a culpar a Dios, como lo hice yo, a culpar a otros, y/o tomar decisiones fuera del orden establecido en la Palabra de Dios.

De ser este tu caso, te ruego que tomes un tiempo para ordenar tus pensamientos. No te dejes dominar por las emociones que minan el momento. El "No te acomodes de Dios", significaba en mi vida el momento de transicionar. Sin embargo, yo me aferraba a lo poco que tenía porque no quería quedarme sin nada y mucho menos que mis hijas sintieran que mamá no podía proveerles ese lugar seguro. ¡Cuán equivocada estaba! No quería aceptar mi nueva temporada. Prefería replicar al Eterno, y yo no sé si tú sabes que Él siempre va a ganar. No lo hará por salirse con la suya, Él conoce nuestro futuro. La única manera de llevarnos a Él es creando un movimiento. En el libro de *Isaías, capítulo 45, dice que "Dios forma la luz, y crea las tinieblas, Él hace la paz, y crea la adversidad".* Hay movimientos que no es el diablo quien los provoca, ni siquiera tus decisiones; son provocados por Dios para cumplir Su propósito en tu vida.

Tras un periodo de introspección, descubrí que estaba respondiendo basada a conflictos internos que arrastraba desde mi niñez y que aún estaban sin resolver. Dios estaba tratando con mi carácter, mi ego, actitudes, sentimientos y emociones que controlaban mi proceso de transición. Ese conjunto de cosas que llevaba conmigo impedía que pudiera ver el cuidado de Dios, Sus bondades y disfrutar de los beneficios de ser llamada hija de Dios.

Todo comienza con un simple pensamiento que se aloja en nuestra mente y es llevado al corazón.

El apóstol Pablo tenía mucha razón en aconsejarnos que le permitamos a Dios que nos transforme al cambiar nuestra manera de pensar. Si tomáramos el tiempo de escribir nuestros pensamientos diarios e hiciéramos el ejercicio de cernirlos y examinarlos, estoy segura de que cambiaríamos la manera en la que respondemos a las situaciones que enfrentamos. Dice el libro de *Proverbios* que "somos lo que pensamos". De manera que todo comienza con un simple pensamiento que se aloja en nuestra mente y es llevado al corazón. Todas hemos escuchado que la mente es el campo de batalla con el cual tenemos que combatir todos los días de nuestra vida. ¿Alguna vez te has preguntado por qué el cambio tiene que comenzar en nuestro interior? Los expertos dicen que estas áreas son fuertemente afectadas porque guardan relación con las experiencias vividas, con nuestra personalidad, la educación, la influencia de la cultura y costumbres imperantes en la sociedad a las que fuimos expuestas.

De alguna manera, el mundo trata de buscarle una solución a estos conflictos que todos los seres humanos padecemos en menor o mayor grado de complejidad. Para combatir con toda esa multiplicidad de variables que afectan nuestra mente, debemos considerar como primer paso que solas no podremos lograrlo. Hace falta un ayudador que se llama Espíritu Santo y el consejo de la Palabra de Dios. Vez tras vez escuchamos las enseñanzas del apóstol Pablo. Y en el contexto de renovar la mente, a mí me parece escucharlo decir: "No te preocupes tanto en este momento por lo externo, necesito que te enfoques en tu interior". Porque cuando tu interior sea transformado, sanado, renovado y fortalecido, tu exterior responderá en acuerdo con lo que ha sucedido dentro de ti; entonces comprenderás cuál es la voluntad de Dios agradable y perfecta. ¡Qué extraordinaria lección!

Te animo a atesorar en tu corazón estas verdades que a continuación te presento y a declararlas cada vez que el enemigo intente capturar tu mente.
- Tengo el poder para decidir qué dejo entrar a mi mente y no me dejaré dominar por mis emociones.
- Llevaré cautivo todo pensamiento a la obediencia de Cristo.

Tomar la firme decisión de aceptar que Dios renueve nuestra mente a través de Su Palabra y con la ayuda del Espíritu Santo, no solo nos permitirá caminar en su voluntad; también nos ayudará a descubrir nuestro propósito aquí en la tierra y nos introducirá en lugares estratégicos donde veremos cumplido claramente nuestro destino profético.

Hoy miro atrás con gratitud hacia Dios por la obra que hizo y seguirá haciendo en mí. Recordando siempre lo que dice Pablo: *"No que lo haya alcanzado ya, ni que ya sea perfecto; sino que prosigo, por ver si logro asir aquello, para lo cual fui también asido por Cristo Jesús. Hermanos, yo mismo no pretendo haberlo ya alcanzado; pero una cosa hago: olvidando ciertamente lo que queda atrás, y extendiéndome a lo que está delante, prosigo a la meta, al premio del supremo llamamiento de Dios en Cristo Jesús" (Filipenses 3:12-14).*

No sé si en esta temporada de tu vida sientes que te están sacando de tu "zona de confort", o que la adversidad amenaza con dejarte sin nada. Quiero decirte que no será así. Permítele al Señor que, por medio del Espíritu Santo, renueve tus pensamientos.

¿Qué te parece si creas una lista diaria de tus pensamientos? Una vez cumplimentada, puedes verificar cuáles fueron recurrentes y entonces los presentas a Dios en oración.

Te propongo desnudar tu alma en las líneas que siguen

_____

_____

_____

_____

_____

_____

_____

_____

Te invito a sellar este capítulo con una oración: *Padre, coloco delante de tu presencia cada pensamiento que me separa de Tu propósito y que habla en contra de mi diseño. Renueva mi mente de todo pensamiento contrario al tuyo. Ayúdame a poder hacer frente a los dardos que el enemigo lanza en mi contra. Creo en la victoria que me diste por medio de Cristo en la cruz del calvario. Abrazo Tu verdad en mi vida. Quiero agradarte y hacer Tu voluntad. Permíteme conocerte cada día más y vivir para Ti. En el nombre de Jesús, amén.*

Aquí te comparto unas palabras de afirmación:

- *Mis pensamientos son renovados por medio del Espíritu Santo.*
- *Respondo a la verdad de Cristo en mi vida.*
- *Tengo el poder para decidir qué dejo entrar a mi mente.*
- *No me dejaré dominar por pensamientos negativos.*
- *Creo en lo que Dios ha preparado para mí.*
- *Acepto mi nueva temporada en humildad y obediencia.*
- *Someto todo pensamiento cautivo a la obediencia de Cristo.*
- *Vivo para disfrutar lo que Dios diseñó para mí.*

Capítulo 10

Dejando el pasado atrás

"Aquello que fue, ya es; y lo que ha de ser, fue ya; y Dios restaura lo que pasó" Eclesiastés 3:15.

Desde muy joven me gustaba tomar los calendarios que mi papá llevaba a la casa y los guardaba en mi cuarto. Cada experiencia que impactaba mi vida era marcada en esos calendarios. Recuerdo tener un marcador de color rojo exclusivamente para eso. Al lado de la fecha colocaba una pequeña nota que me recordara por qué lo había marcado. El dato curioso es que a medida que los meses avanzaban, continuaba envolviendo en un círculo el día donde se cumplía el siguiente mes de lo que había sucedido en la fecha inicial. Al finalizar cada año repasaba ese calendario y las notas que había escrito en cada fecha particular.

Lo que resulta más llamativo es que al hacer el repaso anual de acontecimientos marcados, lo que prevalecía en el calendario eran eventos dolorosos. El resultado fue que aquel hábito estaba originando heridas muy profundas y un gran resentimiento dentro de mí. Fijar mi atención sobre aquellos círculos rojos lograba que volviera a revivir los sentimientos y emociones que había experimentado en el momento en que aquello había sucedido.

Mantuve ese hábito durante años, sin darme cuenta de la tristeza y raíces de amargura que esa práctica provocaba en mi corazón. Decía un anuncio muy reconocido en mi país que "recordar es vivir". Ciertamente, los recuerdos agradables valen la pena atesorarlos en el corazón porque te llenan de felicidad y te hacen sentir bien. Por el contrario, los que no son tan agradables, hay que desecharlos cuanto antes. La Biblia no guarda silencio en cuanto a este tipo de actitudes que a veces uno adopta. Dice claramente en *Isaías 43:18 que: "No nos acordemos de las cosas pasadas ni las traigamos a la memoria porque Dios hace todas las cosas nuevas".* Es increíble la magnitud del amor de Dios que no desea que estemos perturbadas por los acontecimientos del pasado.

Recordar el pasado, traer a la memoria episodios de dolor sin haber pasado por el debido proceso de la sanidad es muy perjudicial para mujeres que están buscando ser transicionadas. Claro, esto lo puedo decir ahora, una vez que atravesé el proceso de la sanidad de mis emociones. En ese entonces, antes de que las heridas fueran suturadas con el hilo de oro de Su gracia, no quería olvidar ni pasar por alto ningún acontecimiento en mi vida. No puedo precisar si lo hacía por rebeldía, para seguir alimentando mi coraje, o por lástima de mí misma. Lo que puedo asegurarte es que esos calendarios permanecían ocultos debajo del colchón de mi cama. ¡Eran intocables! Cuando llegué a la etapa adulta y comprendí que esa práctica nada aportaba a mi bienestar emocional, decidí tirarlos a la basura. Desde entonces poseo una agenda para marcar alguna que otra cita, un evento especial y mis salidas a las iglesias a predicar este Evangelio que salva vidas. Fuera de eso, nada más. También esos calendarios, inmediatamente termina el año, van a parar a la basura.

Lo sorprendente para mí de esta experiencia es que siempre pensé que era la única mujer en el planeta tierra que hacía algo así. ¿Sabes lo que descubrí? ¡Qué miles hacen lo mismo! ¡Sí, no es broma! Hace unos meses no estaba segura de incorporar este tema en mis escritos, sin embargo, en esos días me encontré con una amiga y comenzamos a conversar precisamente del tema de los calendarios o almanaques como tradicionalmente se les conoce. Ella comenzó a relatarme su experiencia y me sorprendió escucharla confesar que, en una limpieza profunda que le hizo en esos días a su casa, encontró varios calendarios guardados. El dato más curioso es que los almanaques ¡tenían más de veinte años de historia! Contenían escritos relacionados con sus experiencias y también estaban marcados. ¡No podía ser casualidad! Me dijo que comenzó a ojearlos y su experiencia fue similar a la que yo había experimentado. Comenzó a entristecerse al ver las fechas marcadas con un "x". Lo que resaltaba en todos los calendarios eran experiencias de dolor y frustración que con el paso de los años había vivido. Aquel descubrimiento supuso para ella retroceder en el tiempo veinte años. Es increíble cómo operan en nuestra vida los recuerdos dolorosos. Al concluir nuestra conversación le pregunté: "¿Qué hiciste con los almanaques?" "Tirarlos a la basura, por supuesto", respondió con una sonrisa. Definitivamente, Dios me estaba hablando. Estaba confirmándome que era necesario escribir sobre este asunto.

Para algunas personas hablar de calendarios físicos puede suponer algo anticuado. Hay otros muchos métodos que se utilizan y el fin es el mismo. Te explico: Sé de mujeres que tienen una capacidad increíble para memorizar fechas. Son capaces de relatar la historia de su vida no solo con sus días, meses y años, sino también con la hora y los minutos en que ocurrieron los hechos. Me atrevo a decir que con algunas memorias sería conveniente hacer lo que hizo mi amiga y darnos la oportunidad, no solo de hacer una limpieza profunda en nuestra casa física, sino también en nuestro hogar interior. Rebusquemos y hagamos limpieza por si estuviéramos guardando calendarios, agendas, cartas escritas o datos registrados en la memoria cuyo único mérito es recordarnos las fechas dolorosas de nuestro pasado.

Llegó el tiempo de deshacernos de todo hábito que nos condena a ser personas atormentadas o infelices. ¡Hay que romper con el pasado! Tirar a la basura aquello que nos impide caminar en el propósito de Dios. Sé que hay eventos que nos marcan la vida para siempre y es inevitable recordarlos. Es en ese momento donde el Señor nos invita a recurrir a Su Palabra para encontrar paz y tranquilidad. La Biblia dice que *"De Jehová viene nuestro socorro"*.

No podemos cambiar las vivencias del pasado, pero sí podemos transformarlas. La única opción que tenemos para transicionar en esas áreas es confiar en que Dios tiene el poder para restaurar todo lo que nos ha sobrevenido. Por más difícil que fuera ese pasado o aquella experiencia traumática, hay una Palabra que nos sostiene y a la que debemos aferrarnos. La Biblia dice que *"Él tiene el poder para restaurar lo que pasó" (Eclesiastés 3:15)*. Créeme, esa Palabra fue suficiente para mí y lo será también para ti.

Mientras continúes estancada en tu pasado no podrás saborear las victorias del presente y mucho menos disfrutar de tu futuro.

Te invito a que reflexiones en si vale la pena continuar con hábitos que lastiman tu hermoso corazón. Recuerda que mientras continúes estancada en tu pasado no podrás saborear las victorias del presente y mucho menos disfrutar de tu futuro. Aquí te dejo con una verdad que no debes olvidar y es que Dios estuvo en tu pasado, está en tu presente y estará en tu futuro. De manera que, aferradas a su verdad, seremos libres del yugo de la esclavitud.

Una vez que conoces las experiencias que te he contado, dime, ¿crees que vale la pena continuar almacenando en tu mente y tu corazón experiencias de dolor?

Te invito a desnudar tu alma en las líneas que siguen

_____

_____

_____

_____

_____

_____

_____

_____

Sellemos este tiempo en oración: *Padre, gracias por mostrarme los hábitos que afectan negativamente mis emociones y no me permiten avanzar en Tu plan divino. Ayúdame a sacar de mi vida todo lo que pueda estar guardado, escondido y de lo que yo no me he dado cuenta. Dispongo mi corazón para que continúes perfeccionando Tu obra en mí. En el nombre de Jesús, Amén.*

Aquí te comparto algunas palabras de afirmación:

- *Me propongo desechar de mi casa física cualquier recuerdo que me involucre con experiencias negativas del pasado.*
- *Me propongo a hacer una limpieza en mi casa interior para ser libre del pasado que marcó negativamente mis emociones.*
- *Me dispongo a entrar libre a mi nuevo tiempo contigo.*
- *Las vivencias del pasado no comprometerán mi destino en Ti.*
- *Señor, recordaré siempre que Tú eres suficiente para mí.*

Capítulo 11

Lo necesario

"Porque yo sé los pensamientos que tengo acerca de vosotros, dice Jehová, pensamientos de paz, y no de mal, para daros el fin que esperáis"
Jeremías 29:11.

Tal vez llevas mucho tiempo esperando que algo bueno ocurra. Permíteme decirte que el día de la visitación de Dios ha llegado. En la atmósfera se respira un nuevo despertar y amanecer. Así como en el aire se percibe un aroma diferente cuando se acerca la lluvia, del mismo modo en la atmósfera espiritual huele a bendición.

Todo alrededor puede decirnos lo contrario, pero Dios señala que Él ha determinado pensamientos de bien y nos insta a entrar en Sus planes y propósitos, que trazó de antemano para nuestro beneficio. El Padre está abriendo una puerta amplia para que entres por ella. Esta resultará en nuevas experiencias con el Amado. Pero los tiempos nuevos conllevan nuevos requisitos que es preciso tener muy presentes. Primero, hay que creerle a Dios por encima de toda circunstancia que pueda presentarse en el camino. El segundo requisito es llevar solo el equipaje imprescindible.

En mis memorias guardo con agrado el recuerdo de las veces que he visitado los Estados Unidos. En una ocasión, me encontraba en el aeropuerto con destino hacia el estado de Maryland.

Llevaba varias maletas y mis hijas lo mismo. En casa las habíamos pesado para asegurarnos de no tener problemas cuando fueran colocadas en la báscula del aeropuerto. Con toda confianza nos aproximamos al mostrador de facturación y allí nos informan de que algunas de las maletas tenían sobrepeso, por lo que debíamos pagar un costo adicional. El dinero que llevábamos no era para gastarlo en maletas.

¡Usted me entiende! Sin confesarnos con nadie, comenzamos a sacar cosas de una maleta y echar en la otra. Las cosas que no cupieron, tuvimos que deshacernos de ellas. Fue un momento de mucha tensión y llegamos a sentirnos avergonzadas. Desde aquel momento intento viajar solo con lo necesario. Aquella experiencia fue una gran lección. En primer lugar, porque cuando regresaba del viaje descubrí que no había utilizado la mitad de las cosas que llevé. Segundo, terminé dolorida porque el peso de las maletas era más del que podía soportar. ¿A cuántas de ustedes les ha pasado algo similar? ¡Estoy segura de que sí!

¿Alguna vez has escuchado decir que muchas veces llevamos cargas que no nos pertenecen y peleamos batallas que no son nuestras? Ambos escenarios son muy ciertos. Lo increíble es que ¡todas, de una manera u otra, hemos estado ahí! Por eso andamos desanimadas, estresadas, malhumoradas y, como diría mi mamá: "Que no nos huelen ni las azucenas". Esto sucede porque le abrimos la puerta a situaciones que han provocado un peso mayor del que deberíamos estar llevando. Sin embargo, Dios no nos ha llamado para estar llevando cargas pesadas y mucho menos para estar peleando batallas continuamente. ¡Esto resulta agobiante solo de pensarlo! Ahora bien, es cierto que la vida es desafiante y en algunos casos tendremos que lidiar con ciertas batallas o situaciones difíciles, pero no permitas que estas duren toda la vida. Escuché un sinnúmero de veces a mujeres peleando batallas que debieron culminar hace mucho tiempo. La mayoría de estos escenarios hacen referencia a situaciones sin resolver; asuntos inconclusos dentro de nosotras mismas que nos salen al encuentro.

Yo misma lo experimenté y lo triste del caso es que desperdicié mucho tiempo en descubrir la verdad de Dios en mi vida. ¡Cuántas cosas llevamos en nuestro equipaje de vida que lo único que han logrado es agotarnos, afligirnos, agobiarnos, cansarnos y estancarnos! Noemí es el mejor ejemplo que puedo referirte. Ella pensó que la crisis que estaba enfrentado con la muerte de su esposo y de sus hijos era producto del castigo de Dios. Creyó que Dios la había abandonado y que jamás saldría de esa pena y dolor. Ante los ojos de Noemí, Dios había sido despiadado. Tan marcada fue esta mujer por lo que le había sucedido que cambió su nombre. La historia está registrada en la Biblia, en el libro de Rut capítulo uno y versículo veinte. Ahora, Noemí, que significa placentera, quería llamarse Mara, esto es, amarga. Toda dulzura y placer; todo deseo de disfrutar la vida había desaparecido.

Las memorias del pasado y las crisis del presente son obstáculos que amenazan la capacidad de transicionar.

Para cualquiera que no haya atravesado una crisis como esta, podría parecer una exageración la actitud de Noemí. Es terrible pensar que una mujer pueda llegar al extremo de decidir cambiar su nombre, mudarse de país, o decidir esconderse para hundirse en su mundo interior y no salir más, simplemente porque no ve esperanzas para ella. ¡Lamentablemente, hay muchas mujeres sintiéndose así! Las memorias del pasado y las crisis del presente son obstáculos que amenazan la capacidad de transicionar. Sin embargo, la historia de Noemí no terminaba allí. Donde nuestros planes terminan, Dios comienza. Cuando no vemos salida, Dios hace caminos en los que podamos andar. Como dice una querida amiga: "Dios escribe derecho en renglones torcidos". Indudablemente, Dios había previsto para Noemí un final feliz. Ella tendría que deshacerse de aquella carga mental y emocional para ver un nuevo amanecer en su vida. Noemí no estaba destinada a morir en el desierto. Como yo no estaba destinada a morir en mi particular desierto, ni tú morirás en el tuyo. Cuando Noemí echó a un lado su crisis y se concentró en ayudar a Rut, entonces quedó atrás su amargura y dice la historia que fue bendecida.

Dios nos atrae hacia Él con cuerdas de amor y de misericordia y hace que retomemos el rumbo de la manera correcta, solo llevando lo necesario. Cuando miramos esta historia con detenimiento, percibimos que era menester que Noemí comenzara a andar bajo el diseño de su Creador, soltando la pesada carga de sus hombros porque de su nuera vendría una bendición mayor.

Esta es la razón por la que Dios nos invita a revisar nuestro equipaje de vida a la luz de Su Palabra. La Biblia está diseñada para que tengamos una visión del reino que pueda provocar cambios en nuestra vida. En ella está el contenido de todo lo que necesitamos. Dios no quiere verte cansada ni agotada emocionalmente y mucho menos espiritualmente. Por eso te invito a vaciar tu alma de esos momentos amargos e insípidos que viviste. No continúes recordando con nostalgia lo que ya no tienes. No vivas en un pasado que ya no existe, y mucho menos en un futuro que no ha llegado.

Si hay algo que considero debes guardar en tu corazón es que nuestro Padre Celestial quiere lo mejor para ti. Procura con diligencia construir una relación íntima con el Espíritu Santo y verás como tu corazón será calmado y saciado de bien. En mi experiencia, cuando me permití escuchar el consejo de Papá y reconocer que Su plan siempre será mejor que los míos, entonces experimenté que mi corazón fue sanado y afirmado. Este caminar hacia tu sanidad emocional es un proceso de día a día. Hoy soy una viajera feliz en las alas de mi Amado. Voy por la vida sintiéndome libre y en mi equipaje solo llevo lo necesario.

La intención de mi corazón es que a medida que identifiques los puntos claves que impiden tu crecimiento, desarrollo y avance espiritual puedas, con valentía, soltarlos, sacarlos de tu vida y descartarlos. *"Dios no puede echar vino nuevo en odres viejos porque se romperán y el vino nuevo se derramará, echándose a perder"*. Él desea que nos vaciemos por completo para llenarnos de Él. Procuremos que nuestro corazón no se convierta en el recipiente de malos pensamientos, sino de amor, misericordia, bondad, mansedumbre, templanza, benignidad, gozo y también considero incluir en este espacio el perdón.

Sabías tú que el perdón tiene la capacidad de extinguir la ira y dar paso para la libertad. ¡Nuestro corazón necesita estar libre! Hay tantas cosas maravillosas de las que podemos llenar nuestro corazón. Si optamos por ocuparlo de esas bendiciones, no habrá espacio para nada negativo. En la carta a los *Filipenses* capítulo 4:8, Pablo dice lo siguiente: *"Por lo demás, hermanos, todo lo que es verdadero, todo lo honesto, todo lo justo, todo lo puro, todo lo amable, todo lo que es de buen nombre; si hay virtud alguna, si algo digno de alabanza, en esto pensad"* y añade en el versículo 9: *"Y el Dios de paz estará con vosotros"*. Recuerda que todo se inicia dentro de ti. Dios está preparando una nueva temporada para que entres a ella. No te quedes atrás, alístate para salir.

En este punto tengo que decirte que es menester hacer un inventario minucioso del equipaje que llevas para tu nueva temporada. De manera que contenga solo lo imprescindible. Si le permites al Señor ayudarte, Él lo hará. Un equipaje liviano nos evitará contratiempos en el proceso de nuestra transición. La pregunta que surge es: ¿Cómo está tu equipaje de vida? Puedes realizar una lista donde identifiques que contiene tu equipaje y si necesitas realizar algunos cambios.

Te invito a desnudar tu alma sobre estas líneas

_____

_____

_____

_____

_____

_____

_____

Te propongo sellar este tiempo en oración: *Padre, he comprendido que tus planes siempre serán mejor que los míos. Y que deseas llevar a cabo Tus propósitos en mí. Deseo que reines sobre mis planes. Hoy decido soltar todo aquel equipaje que hasta ahora me ha atrasado y estancado en este caminar contigo y me propongo a llevar solo lo necesario. En el nombre de Jesús, Amén.*

Aquí te comparto unas palabras de afirmación:

- *Soy recipiente del Espíritu Santo.*
- *Recibo el vino nuevo en mi vida.*
- *Viajo por la vida libre y confiada en Dios.*
- *Yo decidiré qué batalla pelear.*
- *Me afirmo en la Palabra de Dios como fuente de mi vida.*
- *En Dios tengo todo lo que necesito.*
- *Cuidaré de llevar en mi equipaje de vida solo lo necesario.*
- *Decido avanzar hacia mi nueva temporada.*

Capítulo 12

Rendida a Sus pies

"Acontecerá que, si oyeres atentamente la voz de Jehová tu Dios, para guardar y poner por obra todos sus mandamientos que yo te prescribo hoy, también Jehová tu Dios te exaltará sobre todas las naciones de la tierra. Y vendrán sobre ti todas estas bendiciones y te alcanzarán, si oyeres la voz de Jehová tu Dios" Deuteronomio 28: 1-2.

Llevaba unos meses en Carolina del Norte cuando conocí a esta mujer llamada Aidita, una dama espectacular. Mujer que transicionó en su vida, y a su edad madura, ya entrando a su vejez, no perdía la oportunidad de enseñar, ministrar y capacitar tanto a mujeres jóvenes como a las de su misma edad. Ella fue mi mentora en ese tiempo y me impartió, como si fuera su hija, principios para una vida con propósito y significado. De una manera magistral fue preparando el terreno de mi corazón y depositó su semilla de amor para producir en mí una verdadera transformación. En ese tiempo yo tenía clara mi identidad en Cristo, no obstante, Dios quería adentrarme a las aguas más profundas que me prepararían para mi nueva temporada.

Todo empezó luego de un tiempo de recibir sus enseñanzas bíblicas en la sala de su casa. Recuerdo que era una tarde y noche de verano. Nos dirigíamos al templo. Estábamos muy contentas de pasar ese tiempo juntas. Íbamos por todo el camino hablando del Señor y las cosas maravillosas que estaban sucediendo en nuestras vidas. De repente, ella cambió el tema y con voz firme, pero tierna a la vez, me dijo: "Migdalia, ¡tienes que cederte al Señor!", yo quedé de una pieza. Continuó diciendo: "No verás lo extraordinario que hay preparado para ti, hasta que no entregues ciertas áreas de tu vida que te impiden recibir lo que el Padre quiere entregarte". Yo me sentía como cuando vas a la oficina de un médico por alguna condición de salud y dan el famoso cuadro clínico. Era difícil aceptar el diagnóstico, pues esto sucedió tiempo después de mi experiencia con mi Abba Padre. No era posible que aún quedaran áreas de mi vida afectadas. Yo estaba segura de haber completado mi proceso de sanidad. En fin, tenía muchos argumentos para defenderme, sin embargo, no pude emitir ni una sola palabra a mi favor. Resulta que cuando es Dios quien nos habla, es imposible presentar defensa.

Mientras ella avanzaba en la carretera, así avanzaban sus palabras causando un efecto desesperante en todo mi cuerpo. Era como si me conociera de toda la vida. Cuando terminamos el servicio y llegué a casa de mis hijas, estaba ansiosa por buscar el significado de la palabra "cederse". En realidad, no tenía ni la más mínima idea de la profundidad de sus palabras, pero estaba segura de que el Espíritu Santo me estaba ministrando algo nuevo y trascendental. Así que, como hago siempre, comencé mi investigación al respecto. Una de las cosas que he aprendido en los últimos años es profundizar e indagar en el significado de las palabras hasta encontrar esa raíz que le da sentido a lo que el Padre quiere ministrarme.

Descubrir el significado de "cederse" fue muy interesante, me abrió los sentidos y el corazón para permitirme y permitirle al Señor entrar en esas áreas que a pesar del tiempo no se las había entregado del todo. Ceder es rendirse o someterse. Ese es el significado más básico. Pero hay uno que me hizo pedazos y es que ceder es también dar. O sea, transferir o traspasar a alguien una cosa, acción o derecho. La Biblia dice en *Romanos 8:32 que "Dios no escatimó ni a su propio hijo, sino que lo entregó por todos nosotros".* Dios fue el primero en cederse a la humanidad. Su entrega fue absoluta. Su amor fue tan grande que se desprendió de todo Su esplendor y majestad, dejó Su gloria para que, en forma de siervo a través de Su Hijo, pudiera ir a la cruz y desde allí darnos una nueva vida y una esperanza. Y si Él fue capaz de hacer eso por mí, yo tenía un deber y era responder sin reparos.

> ## *Dios no quiere nuestra entrega a medias, Él desea una entrega total y absoluta.*

En mi proceso de transicionar comprendí que Dios me hacía un llamado a una entrega total y absoluta a Él. En consecuencia, debía aceptar lo que Él me estaba entregando. No se trataba de meramente rendir mis ofrendas y mis servicios, ni de levantar las manos y cantarle alabanzas. Se trataba de rendir mis coronas ante el Todopoderoso, como lo hacen los veinticuatro ancianos de los que habla *Apocalipsis 4:10*. Lo que Dios pedía de mí era entrar en una total dependencia y rendición a Él. Aceptar Su absoluta voluntad en mi vida. Entregar mi alma, mi espíritu y mi corazón en adoración solo a Él y responder al llamado sin ningún cuestionamiento. Dios demanda una pasión desbordante por Él, por Su Palabra, por Su presencia, por Su Espíritu Santo y por el depósito que ha hecho en nuestra vida. Entendí que Dios no quiere nuestra entrega a medias, Él desea una entrega total y absoluta.

¿Qué es una entrega total? Es cederse a Él. Darnos, por completo, que no haya una parte de la que Él no sea el dueño absoluto. ¿Qué cedo, o que doy al Señor? Le entrego mi vida, mis pensamientos, mi corazón, mi alma, mi espíritu, mi carácter, mi matrimonio, mis hijos, mi trabajo, mis finanzas, mis emociones, mis sentimientos, mis decisiones, mis talentos, mis dones, mis capacidades, mis sueños y también mi agenda. Le doy mi orgullo, ese que muchas veces no nos deja ser humildes. Le doy ese secreto que guardo en lo más profundo de mi corazón y que nadie conoce. Le cedo el dolor y las heridas del pasado, aquella situación crítica que me llevó a hacer cosas que jamás pensé que haría y me hizo tocar fondo. Tengo que entregar lo que me duele entregar, esa relación que no es de Dios y donde estoy atrapada. Le entrego mis motivaciones, mis limitaciones, eso que capta mi atención, que tiene la capacidad de influenciarme y no me permite avanzar. Le entrego ese pensamiento recurrente que me hace sentirme inadecuada y que me impide verme como Él me ve.

¿Para qué cedemos todo eso? Para ser guiados y dirigidos por Él, para ser capacitados por Él, para conocerlo más y ser llenos de Él. Una de las cosas que el Señor le pidió al pueblo de Israel fue precisamente que le amara. Dios no les pedía un amor a medias y mucho menos la interpretación de lo que ellos consideraban que era amor. Tampoco era una sola parte de ellos. Era una entrega total. Dios le dijo en *Deuteronomio 6*: *"Y amarás a Jehová tu Dios de todo tu corazón, y de toda tu alma, y con todas tus fuerzas"*. Jesús también lo dijo en *Mateo 22:37*: *"Amarás al Señor tu Dios con todo tu corazón, y con toda tu alma, y con toda tu mente"*. ¿Cuál era Su objetivo al pedirles ese tipo de amor? Dios quería que su vida fuera alineada en obediencia a Su propósito para bendecirles, multiplicarles, prosperarles y expandirles. Jesús es el único que puede llenar tu vida y saciarte completamente. Pablo dijo que *"Jesús es la plenitud de aquel que todo lo llena en todo" (Efesios 1:23)*.

Cuando Dios nos incluyó en Su plan de salvación, lo hizo para que fuéramos beneficiarias de todas las bendiciones que había prometido para sus hijos. Entender esto es muy relevante. Te ayudará a mantenerte firme mientras progresas dando pequeños pasos de fe. Algo que esta mujer me dejó claro es que cederse al Señor no es algo obligatorio; es una invitación de amor. Tenemos un libre albedrío dado por Dios a toda la humanidad y Él no nos obliga a hacer nada que no queramos. Estoy diciendo que Dios

RENDIDA A SUS PIES

nos creó, que Él tiene el poder para hacer como desee, sin embargo, no traspasará el libre albedrío que nos otorgó. Él espera que respondamos por amor y cuando respondemos en amor y obediencia somos bendecidas. Doy gracias al Padre por esa temporada. Pasar tiempo escuchando la voz de Dios por medio de Su Palabra con una mujer llena del Espíritu Santo, me llevó a reflexionar en la manera en que servía y me acercaba a Dios. Oro para que se levanten mujeres como ella, que asuman el reto y la postura para enseñar a las más jóvenes como lo establece la Biblia. Esa capacitación alineó mi corazón a verdades eternas. Mientras escribo para ti disfruto de los beneficios de haber prestado mis oídos para aceptar la impartición del Espíritu Santo a mi vida. Te pregunto: ¿Te identificas con mi relato? ¿Estás dispuesta a cederte y rendirle todo al Señor?

Te invito a desnudar tu alma sobre estas líneas

_____

_____

_____

_____

_____

_____

_____

_____

Te propongo sellar este tiempo en oración: *Padre, confió en Tu cuidado. Sé que me esperan experiencias extraordinarias en Tu presencia. Quiero disfrutar de Tus bendiciones. Dispongo mi corazón a obedecer Tu palabra. Cedo, entrego y deposito en Tus manos todo lo que tengo y todo lo que soy. Me propongo, con Tu ayuda, a hacer mi mayor esfuerzo para caminar de manera que Te agrade en todos los asuntos de mi vida. En el nombre de Jesús, Amén.*

119

Concluyamos con unas palabras de afirmación:

- *Cedo al Señor mi voluntad para que sea transformada por el poder del Espíritu Santo.*
- *Abro mis oídos espirituales para escuchar cada enseñanza que me conduce al propósito de Dios.*
- *Me hago consciente de que el plan de Dios en mi vida es que yo sea una mujer bendecida.*
- *Decido vivir en conexión con la Palabra de Dios para alcanzar mi mayor potencial.*
- *Me despojo de una vez y por todas de todo aquello que me impide ser la mujer que Dios quiere que sea y asumo el reto que esto requiere.*

Capítulo 13

Creada para volar

"Olvidando ciertamente lo que queda atrás, y extendiéndome hacia lo que está delante" Filipenses 3:13.

Una de las enseñanzas que me ayudó a entender "el proceso de transicionar" fue analizar detenidamente la metamorfosis de la mariposa. De hecho, de ahí salió el título Mujer, ¡Transiciona! En todo emprendimiento, visión, meta, sueño o anhelo hay un comienzo. Ese comienzo o inicio, debe estar claro, ya que es el fundamento para lograr el objetivo que se desea.

En la mariposa podemos observar claramente las etapas que completan su transformación. Son etapas fundamentales en su desarrollo y evolución. Claves que quedan al descubierto de una manera explícita. Es decir, su proceso está especificado de forma tan clara y detallada, que no deja espacio para la duda. Creo que la intención de Dios al permitir que la ciencia descubriera la complejidad de la metamorfosis de la mariposa es, precisamente, dejarnos ver sin lugar a duda la forma maravillosa de cómo Él obra. Dios es capaz de convertir algo vil y menospreciado por algunos en una obra de arte. Lo que para muchos puede pasar desapercibido Dios lo contempla con gran entusiasmo y plasma en ello Su gloria. Por eso la Biblia nos dice que: *"A lo vil y menospreciado escogió Dios para avergonzar a los sabios"*.

Quisiera poner esto de manifiesto mediante la historia de la mariposa. Todo comienza con un huevecillo que, al eclosionar, permite salir una oruga. Realmente, creo que muy pocos han visto el huevecillo, pero sí hemos visto a la oruga. Es el gusano al que con frecuencia hemos visto devorando nuestras plantas. A simple vista, la oruga parece un gusano o larva más, como otros muchos de su especie.

Me parece vital mencionar que si nunca hubiéramos tenido la oportunidad de escuchar cómo es su inicio, jamás habríamos descubierto su fascinante historia. Parece un cuento de fantasía. Se dice que llega un momento en su ciclo de vida donde tiene que tomar la decisión de alejarse de todas las demás orugas para llegar al lugar de su transformación. ¡Sí, escuchaste bien! La oruga tiene que comenzar a caminar solita por un periodo de tiempo hasta completar su primera fase de cambio. Ese caminar en soledad es necesario para la oruga.

En nuestra vida espiritual, ese tiempo a solas con nosotras mismas y con Dios, también es irreemplazable. Esto me recuerda a *Mateo 6:6* cuando nos invita a pasar tiempo a solas con nuestro Padre. Ese tiempo traerá grandes beneficios a nuestra vida y será recompensado. Todavía me pregunto, por qué algunas de nosotras no podemos responder al diseño de Dios con convicción ¡Cómo nos cuesta responder en sumisión voluntaria e inmediatamente a Su llamado! Definitivamente, es una enseñanza poderosa la que nos brinda esta primera etapa de la vida de la mariposa.

Retomemos la travesía con nuestra amiguita, para que nos revele otro secreto. El primero fue comenzar a caminar sola por el sendero trazado para ella. Ahora, nos presenta el segundo secreto: la oruga no se detiene en el camino; ella continúa su recorrido. Desde el instante en que comenzó a caminar nunca se detuvo. Increíble, ¿verdad? ¿Cuántas cosas pudieron haberla desenfocado en el camino? ¿Cuántas ofertas tentadoras? Esto me trae a la mente la historia de Eliseo. Mientras iba detrás de Elías, muchos quisieron detenerlo y desalentarlo. Más él estaba centrado en la visión de lo que había recibido y de lo que anhelaba alcanzar (lea la historia en 2 *Reyes* 2). Cuando caminamos en fe, en armonía con nuestro diseño, nos convertimos en personas con una determinación firme. Esa persistencia nos convierte en hábiles retenedores de promesas.

El tercer secreto de la oruga es que una vez llega al lugar determinado se envuelve en una crisálida. Ese lugar ha sido diseñado para cubrir totalmente su cuerpo impidiendo el movimiento. En este periodo se detiene toda actividad que ella pudiera realizar. Analizando ese detalle, puedo sentir como Dios nos invita a un momento de quietud. Un tiempo de serenidad donde toda actividad quede paralizada. Donde se detenga toda intención del corazón y se brinde espacio al silencio. La crisálida es un tiempo en el que parece no suceder nada, y a la vez está sucediendo todo. Creo que esta es una de las etapas más determinantes y a la misma vez más vulnerable y sensible que atraviesa la mariposa en su metamorfosis. Es un periodo donde está a solas con ella misma, siendo confrontada con su realidad. La crisálida es el lugar de transición para la mariposa. Ahí se producen los cambios internos más extraordinarios y necesarios para responder a su diseño.

Comparo la crisálida con el proceso del desierto, la cueva, o la casa del alfarero, e incluso podría ser el horno de fuego o el foso de los leones. En cualquier caso, es el lugar donde se está librando una batalla interna muy profunda. Es un momento crucial porque se trata de liberarse de todo impedimento que le pueda afectar su vuelo y su libertad. De manera, que la oruga no puede volver atrás por más que quisiera. En otras palabras, cuando la oruga llega al lugar de su transformación, resistirse no es una opción, negarse al cambio tampoco lo es y rendirse mucho menos. Es necesario completar el proceso en su totalidad.

Ciertamente, el cambio puede ser confrontativo, producir molestia, dolor, incomodidad, pero es necesario. Si dijera que mi transformación no me causó dolor o incomodidad, estaría mintiendo. Ciertamente fui confrontada. Renunciar al "YO" fue muy complejo. Lo fue porque me resistí a entrar en la crisálida. Por eso tardé años en encontrarme y en ser libre. Buscaba soluciones rápidas. No aceptaba sentirme incompetente ante la realidad que vivía. Tampoco me gustaba sentirme sola. Creo que a todas nos pasa. De hecho, es una realidad que el ser humano fue creado para estar en compañía. No obstante, aprendí que hay momentos donde el Padre quiere tratar con nosotras ciertos asuntos y lo quiere hacer en privado.

Si anhelamos cambios transformadores debemos comenzar con emplearnos para llevarlos a cabo.

La oruga entiende muy bien ese principio. En su naturaleza nadie le dice a la oruga "Oruga, sepárate de tus amiguitas y ve tras tu diseño" u "Oruga, sal de tu zona de confort, que es hora de encontrarte contigo misma". Nadie se lo tiene que decir. Llega un tiempo donde con naturalidad responde a la voz de su diseño. Si anhelamos cambios transformadores debemos comenzar con emplearnos para llevarlos a cabo. La oruga podría quedarse con el sueño de volar, y vivir una fantasía toda su vida. Sin embargo, la visión que tiene de sí misma produce en ella un alto nivel de superación. A tal punto, que es capaz de llegar al lugar de su transformación y esperar el tiempo preciso para salir al exterior y mostrar su radiante belleza.

De manera que, no es solo estar dispuesta a entrar al proceso de transformación, sino terminarlo para que el resultado sea el anhelado. Cuando observo una mariposa puedo comprender que su transformación fue progresiva, tanto en su interior como en su exterior. Ese diseño inigualable, completado en todas sus partes, es el que la caracteriza, de estar en una etapa donde su cuerpo solo puede arrastrarse, a transicionar a otra en la que volará majestuosamente y será todo lo que el Creador dijo que sería.

Cuando descubras que dentro de ti está depositado todo lo que necesitas, que en el diseño original eres mucho más de lo que puedas imaginar, entonces podrás abrir tus alas y volar. El problema, por decirlo de alguna manera, que tenemos las féminas, es que no nos hemos sentado a investigar el plan de nuestro Creador para descubrir nuestro diseño. La Biblia nos dice en *Zacarías 4:6* que: *"Hay cosas que no podremos lograr con nuestras propias fuerzas, sino con su Espíritu"*. El Espíritu Santo es quien nos fortalece y capacita para lograr completar el diseño de Dios en nuestras vidas. Por eso, entrar en el plan divino de nuestro Señor nos hará no solo volar, sino volar alto en las alas de Su Espíritu.

> *Dios es experto en cambiar el lugar inhóspito en un lugar de emprendimiento, oportunidades y crecimiento espiritual.*

Dios es experto en cambiar el lugar inhóspito en un lugar de emprendimiento, oportunidades y crecimiento espiritual. Recuerdo haber leído una teoría sobre lo que producía un simple movimiento en un hemisferio y el impacto al otro lado del mundo. Lo llamaron "el aleteo de una mariposa". Decía la teoría que el simple movimiento que puede hacer una mariposa con sus débiles alas podría provocar un impacto de un hemisferio a otro. Imagine que si un simple aleteo de una mariposa, o movimiento tan sutil, puede impactar el mundo al otro lado, entendiendo cuan frágil es, no imagino cuanto más podría impactar al mundo una mujer llena del poder y la autoridad de Dios. Esa mujer de la que hablo está dentro de ti.

Alguien dijo una vez: "No hay viento favorable para quien no sabe hacia dónde va". Posiblemente, estuviste rodeada de muchos contratiempos y piensas que no estás lista para enfrentar el reto de entrar y salir airosa de la crisálida. Tal vez ahora enfrentas momentos de vulnerabilidad, incertidumbre o un conflicto interno, y crees que es mejor quedarte ahí adentro. Uno de los grandes obstáculos que enfrentamos a la hora de funcionar en el diseño de Dios es nuestra pobre autoimagen.

Mi llamado es a que te sacudas; que salgas de esa zona de parálisis y comiences a creer lo que Dios ha declarado para ti. ¡Tú puedes lograrlo! ¡Es necesario que entres a la crisálida, pero que también salgas de la crisálida! Haz el ejercicio de mover tus alas. Es imprescindible que decidas de una vez quitar el peso de aquello que te impide volar. Dios ha puesto su esencia dentro de cada mujer para que pueda volar. Esencia representa ese conjunto de características permanentes e invariables que determinan quiénes somos. Debemos tener claro en la mente y el corazón que somos sus escogidas para este tiempo. Podemos decir con toda seguridad que: ¡Somos todo lo que Dios dijo que seríamos! Y, ¡tenemos la provisión de lo que necesitamos! Es tiempo de soltar y dejar atrás todo aquello que nos impide celebrar nuestras victorias. ¡Tienes la esencia de Dios dentro de ti! Recuerda que Él te proveyó de alas espirituales y el cielo se hizo para volar. ¿Te identificas con la mariposa? ¿En qué etapa te encuentras? ¿Hay algo que te impide volar?

Te invito a desnudar tu alma sobre estas líneas

_____

_____

_____

_____

_____

_____

Tomemos este momento para sellarlo con una oración: *Padre, llevo mucho tiempo deseando extender mis alas y volar. Anhelo ser una mujer de impacto. He sido muy vulnerable a circunstancias que atravesé. Hoy decido ser valiente. Voy a salir de la crisálida donde he permanecido más tiempo del esperado. Extenderé mis alas para volar hacia lo que Tú has preparado para mí. En el nombre de Jesús, Amén.*

Aquí te presento algunas palabras de afirmación:

- *Estoy dotada de todo lo necesario para emprender.*
- *Soy una mujer capaz de volar hacia mi destino profético en Dios.*
- *Estoy dispuesta a pasar el proceso sin rendirme.*
- *Soy valiente en Dios.*
- *Camino en obediencia hacia el lugar de mi transformación.*
- *Desde hoy abro mis alas y volaré en las alas del Espíritu de Dios.*
- *Soy una mujer destinada a volar alto e impactar generaciones.*

Capítulo 14

Pídeme

"Pedid, y se os dará; buscad, y hallaréis; llamad, y se os abrirá. Porque todo aquel que pide, recibe; y el que busca, halla; y al que llama, se le abrirá" Lucas 11:9-10.

*E*n una ocasión estaba ministrando una reflexión sobre el tema de la oración. No era la primera vez que lo hacía, pero en esa ocasión fue distinto. El Espíritu Santo me dejaba claro, y sin lugar a duda, que la oración descubre aquello que Dios tiene reservado para nuestra vida. ¿Te has puesto a pensar alguna vez si en efecto has recibido todo lo que Dios preparó de antemano para ti? ¿No te da un poco de curiosidad?

En mi caso llevaba mucho tiempo buscando y deseando descubrir lo que el Padre tenía reservado, guardado y preparado para mí. Mi prioridad era entrar en el propósito de Dios y por eso me entregué a la tarea de sumergirme como nunca en profundidad con el Espíritu Santo. Lo hice a solas con Dios y el resultado es que descubrí a un Dios desmesuradamente detallista. Un Dios deseoso de que Sus hijas tuviéramos la confianza de acercarnos a Él como Padre, pero un Padre que no es solo compasivo, sino también desprendido y dadivoso. Él desea que descubramos todos los tesoros maravillosos que tiene para ofrecernos. Las Sagradas Escrituras nos dicen, y esto es Dios mismo hablando: *"Y te daré los tesoros escondidos, y los secretos muy guardados, para que sepas que yo soy Jehová, el Dios de Israel, que te pongo nombre" (Isaías 45:3).*

No sé si te emociona saber que Dios ya determinó entregarte esos regalos. Posiblemente me preguntes: ¿De qué tesoros o regalos me hablas? Los tesoros o regalos que nos habla el Señor son aquellos que nos proporcionan estabilidad, crecimiento, abundancia y nos llevan a vivir una vida de mayor grandeza.

Es necesario que entendamos que cuanto más profundicemos en nuestra relación con el dueño de esos tesoros, mayores riquezas descubriremos. *Mateo 6:6 nos dice: "Mas tú, cuando ores, entra a tu habitación, cierra la puerta y ora a tu Padre que está en secreto; y tu Padre que ve en lo secreto te recompensara en público".* Muchos no pueden concebir en sus mentes que Dios quiere bendecirlos con toda bendición de lo alto. La Biblia dice todo lo contrario. Cuando Jehová Dios se le apareció a Abram en *Génesis 12:2* le dijo que iba a hacer de él una nación grande. Le añadió que sería bendecido, engrandecido y también sería de bendición para otros. Esa bendición también nos persigue, por cuanto hemos creído por fe.

Quiero que observes lo que dice en *Salmos 2:8 "Pídeme, y te daré por herencias las naciones, y como posesión tuya los confines de la tierra".* El salmista aclara que es Jehová Dios quien dice "PÍDEME". Cuando Dios se le apareció a Salomón le dijo que le pidiera lo que él quisiera. ¡Dios no tiene límites! Él nos dará mucho más abundantemente de lo que le pedimos. Te presento esta evidencia porque el interés de el Padre es hacer cosas a tu favor para que Su nombre sea glorificado en la tierra. *Juan 14:13 dice: "Y todo lo que pidiereis al Padre en mi nombre, lo haré, para que el Padre sea glorificado en el Hijo".* Por tanto, no hay razón alguna para sentir vergüenza. Me ha costado muchos años interiorizar ese principio.

En mi infancia aprendí a que no debíamos pedir nada a nadie. Eso estaba prohibido. Mi papá era un hombre muy orgulloso en esa área de su vida. Inclusive, si alguna persona nos hacía un regalo de lo que fuera, teníamos que esconderlo para que no nos hiciera devolverlo o botarlo. Cuando crecí confronté muchos problemas y limitaciones por ese asunto. De hecho, mi oración estaba siendo estorbada por conceptos aprendidos. Hoy soy consciente de que es una bendición la que el Padre nos otorga como hijos recibir de Él toda buena dádiva. *Santiago 1:17 nos dice: "Toda buena dádiva y todo don perfecto desciende de lo alto, del Padre de las luces, en el cual no hay mudanza, ni sombra de variación".*

No tengas temor en acercarte a Dios. Tenemos acceso al Padre por medio de Jesucristo. Somos Sus niñas, Su especial tesoro. Él está dispuesto a escuchar nuestra petición. Podemos ir ante Su presencia, sin tabúes, tal y como somos, sin rodeos, y sin tener que hacer oraciones repetitivas o rebuscadas.

Esto que ahora voy a contarte puede parecer gracioso, pero te sugiero que medites un poco sobre ello. Una de mis hijas me envió un video de internet cuando estaba escribiendo el tema de este capítulo. El video mostraba a un niño en forma de dibujo animado que se le acerca a su papá para hacerle una petición. Al parecer aquel niño había escuchado muchas veces la manera en que su padre oraba. Así que comenzó diciéndole, en tono de ruego, o súplica: ¡Oh, amadísimo padre, tú que todo lo gobiernas con tu sabiduría y poder, acudo a tu infinita misericordia, a tu gracia inmerecida y humildemente, me postro ante ti para rogarte que atiendas mi petición! ¡Es solo el deseo de mi corazón ansioso! Continúa el niño: "¡Oh, amadísimo padre, tú que suples todas mis necesidades, ¡vengo ante tu presencia para que suplas mi necesidad y yo pueda ir a la esquina a comprarme un mantecado!"

El padre abrió sus ojos más grandes de lo normal, estaba atónito escuchando a su hijo. En ese instante el papá interrumpe al niño diciendo: "Espera un momento hijo, ¿por qué no solo me dices: papi cómprame un mantecado, sin tanto rodeo?" Esto es lo más interesante, el niño respondió: "¡Ah, sí!, es que como tú le pides las cosas a Dios de esa manera, pensé que ese era el método para pedir lo que uno quiere".

No podemos manipular el carácter de Dios por medio de conceptos aprendidos.

Sé que te pareció gracioso. No te voy a negar que a mí también. Lo escuché varias veces. El Espíritu Santo me redargüía y me revelaba una verdad muy profunda que quiero compartir contigo: No podemos manipular el carácter de Dios por medio de conceptos aprendidos. Dios quiere que seamos auténticas y transparentes, simplemente nosotras. Ante todo, que jamás formulemos una idea acerca de Dios, de Su carácter, Su amor y Su bondad, por el hecho de que a otra persona no le fuera contestada su petición. Esa mentalidad nos inhibe de pedir y recibir.

Uno de los bienes que obtenemos por medio de la oración es la oportunidad que se nos brinda de hacer peticiones. Podemos ir confiadamente ante el trono de la gracia y pedir. *Hebreos 11:6 dice: "Sin fe es imposible agradar a Dios; porque es necesario que el que se acerca a Dios crea que le hay, y que es galardonador de los que le buscan".* Cada una de nosotras sabe lo que necesita. Posiblemente en este punto hayas agotado todas tus energías, dinero y recursos buscando una solución a tu problema, pero todavía no te atreviste a acercarte a Dios con confianza. La buena noticia que tengo es que, si Jesús dijo que pidiéramos, ¿por qué no hacerlo? Si dijo busca, ¿por qué no buscar? Y si dijo llama, ¿por qué no llamar? Hay una promesa detrás de cada una de esas acciones. El que pide recibe, el que busca halla, y al que llama se le abrirá.

La Biblia dice en *Hebreos 13:8 que "Jesucristo es el mismo ayer, y hoy, y por los siglos".* Sigue siendo bueno y bueno en gran manera. Por eso las Escrituras nos impulsan a creer en Dios en todos los escenarios posibles de nuestra vida, aun en esos momentos donde no nos salen las palabras y las lágrimas superan nuestra capacidad de hablar. No obstante, sabemos que como dice el salmista en *Salmos 134:4: "Aún no está la palabra en mi lengua, y he aquí, oh Jehová, Tú la sabes toda"*. No permitas que, como a mí, conceptos o maneras de interpretación humana, la timidez o la incredulidad te limiten al silencio y roben tu milagro.

> *Dios nos dará exactamente aquello que Él sabe qué obrará para nuestro beneficio.*

Por último, y no menos importante, sé diligente en la manera que pides. Dios nos conoce de la cabeza a los pies. Nada se le escapa. Conoce nuestras intenciones y nuestras motivaciones. Dios nos dará exactamente aquello que Él sabe qué obrará para nuestro beneficio. *Santiago 4:3* nos brinda claridad al respecto, nos dice: *"Pedís, y no recibís, porque pedís mal, para gastar en vuestros deleites"*. La manera sabia al hacer alguna petición al Señor es a través de la Palabra. ¿Por qué razón? Porque en ella están escritas todas las cosas que necesitamos conocer y por las que debemos pedir.

Si nuestra petición está alineada a motivaciones incorrectas y fuera de contexto bíblico, se verá obstaculizada. Al contrario, si nuestra petición se mantiene alineada a lo establecido por la Palabra, dice en *Salmos 37:4: "Deléitate asimismo en Jehová, y Él te concederá las peticiones de tu corazón"*. Ciertamente, a través de la oración se abre una oportunidad para entrar a la presencia del Señor con toda confianza. Cuándo vas a la presencia del Señor para hacerle una petición, ¿te sientes en confianza?

Te invito a desnudar tu alma sobre estas líneas

_____

_____

_____

_____

_____

_____

_____

_____

Te propongo sellar este tiempo en oración: *Padre, te agradezco que me brindes la confianza de poder ir delante de Tu presencia sin vergüenza alguna. Gracias por darme la oportunidad de conocer que eres un Dios de amor, que me amas como nadie me podrá amar jamás y que me concederás exactamente aquello que sabes que es para mi bien. En el nombre de Jesús, Amén.*

Aquí te presento unas palabras de afirmación:

- *Como hija me siento favorecida de tener un Padre al cual puedo dirigirme con confianza.*
- *Disfruto la gracia de Dios que me permite recibir de Él todo lo que necesito.*
- *El Señor es mi sustento, no tengo que temer.*
- *Soy bendecida con toda bendición de lo alto. Mis peticiones están siendo escuchadas, por lo cual viviré en paz esperando en la divina respuesta.*

Capítulo 15

Intencional

¿O qué mujer que tiene diez dracmas, si pierde una dracma, no enciende la lámpara, y barre la casa, y busca con diligencia hasta encontrarla?,
Lucas 15:8.

¿Alguna vez perdiste algo que para ti era valioso? ¿Cuál fue tu reacción al saber que lo habías perdido? ¿Lo buscaste? Estoy segura de que pusiste todo tu empeño en conseguirlo. Es indispensable que como mujeres que vamos por más, deseosas de ser transformadas, restauradas, que anhelamos subir a las alturas y estar llenas de la unción del Espíritu Santo, busquemos con esmero aquellas cosas que son necesarias para nuestra sanidad emocional, crecimiento y madurez espiritual.

Como parte de mi testimonio, te compartí que viví un tiempo desesperante donde no me encontraba. En ese tiempo tuve que darme prisa en encontrar a la mujer que estaba dentro de mí. Primero hubo que sanar a la niña interior para luego trabajar con la mujer adulta. Esto no ocurrió de un día para otro. Han sido años trabajando arduamente. Por eso, si te identificas con algunos de mis relatos, corre lo más rápido que puedas en busca de tu sanidad y libertad. Sé intencional con este asunto. Toma una actitud activa para que puedas entrar a la nueva temporada que se avecina para tu vida.

En la Biblia hay una parábola acerca de una mujer que perdió una dracma. No se conoce su nombre. Se dice que tenía diez dracmas o monedas y se le perdió una. No da detalles de cuando la perdió, ni cómo sucedió. Sin embargo, Jesús puso énfasis en la acción de esta mujer. Ella encendió una lámpara, buscó una escoba y comenzó a barrer la casa. La buscó con diligencia. Algo curioso es que, si prestamos atención, veremos en la historia que todavía esta mujer tenía nueve dracmas en su poder. Ella podía continuar su vida sin ninguna preocupación. A fin de cuentas, era una sola la que se le había perdido.

Perder una moneda en este tiempo podría parecer insignificante. Ahora, cuando lo miramos en el contexto de aquel tiempo, cobra relevancia. Esas dracmas era el único recurso financiero que la mujer viuda poseía para su sostén. Perder una sola, constituía que en un futuro cercano pudiera llegar a vivir en escasez. Esta parábola es muy profunda en su significado e interpretación. No obstante, me gustaría que observes cuán valioso es encontrar lo que hemos perdido y que pertenece a aquello que nos fue entregado como parte de nuestra herencia.

Juntamente con la salvación de nuestra alma, Dios nos entregó muchas cosas valiosas como lo es nuestra identidad y autoestima. Nos ha concedido dones, talentos, y capacidades. Son esas dracmas o recursos muy valiosos los que tenemos a nuestra disposición. Perder o descuidar los recursos que nos han sido entregados, es arriesgarnos a vivir en escasez. Dios no quiere que vivamos en escasez, sino en abundancia y que seamos llenas de toda la plenitud de Cristo.

Esta parábola trae a mi mente que muchas veces no nos percatamos que en el vertiginoso ritmo de nuestras vidas perdemos cosas que podrían parecer insignificantes al momento, pero que a la larga resulta que eran muy valiosas. Esta mujer era consciente de que su futuro dependía de cuidar y proteger la posesión que su esposo le había dejado. Así como nosotras debemos estar conscientes de que el Padre nos ha entregado una herencia y debemos cuidarla y protegerla. Dice la Biblia que *"Nuestra herencia es incorruptible"*.

No estamos aquí con las manos vacías.

No estamos aquí con las manos vacías. Muchas veces en mi vida le reclamé al Señor porque me sentía de esa manera. Observaba a las personas a mi alrededor con tantas cualidades hermosas y cosas para dar y yo me veía sin nada. Pensaba que en la entrega de cualidades, dones, talentos y habilidades el Señor se había olvidado de mí. El pensamiento recurrente era que no los tenía porque no los merecía o había llegado tarde a la repartición. Claro está, según fui madurando en la trayectoria y buscando con diligencia en mi interior el depósito de Dios, me di cuenta de que poseía muchas cosas valiosas, más de las que había imaginado. Te insto a que te comprometas contigo misma y verifiques si le estás dando valor a la herencia que Dios te entregó.

La mujer de la que habla la parábola se percató de que le faltaba algo. Puedo imaginar la escena. La visualizo dejando a un lado todo lo que estaba haciendo para dar prioridad a lo que merecía toda su atención. En otras palabras, ella hizo un alto. Necesitaba poner en orden sus pensamientos. Al hacerlo, pudo reconocer el lugar donde se había perdido la moneda. Reconoció que no podía perder tiempo. El tiempo es uno de los recursos más valiosos que se nos ha otorgado aquí en la tierra.

Muchas de nosotras hemos escuchado la palabra procrastinar, esta es dejar las cosas para luego o aplazar una obligación. Cuando nos hacemos conscientes de que debemos ponernos en acción en el ahora, no aplazamos la búsqueda. Por eso, aquella viuda, al percatarse de que se le había perdido algo de su herencia, encendió la luz. La luz es símbolo de la Palabra, esa que por medio del Espíritu Santo nos revela la verdad de todas las cosas. Necesitamos encender la llama de Su Espíritu en nuestras vidas. Mantener la luz encendida nos da claridad, nos hace más fácil la búsqueda.

> ### *De ninguna manera sabrás que perdiste algo de valor si no sabes que lo tienes.*

Continúa diciendo el relato bíblico que aquella mujer comenzó a barrer por toda la casa. Ese barrer para mí significa acción. Es decir, que ella no se quedó de brazos cruzados esperando que la moneda apareciera o que alguien le ayudara en el proceso. Tampoco se puso a llorar y a lamentarse. La buscó con diligencia. Esto denota la intención de su corazón. La intensidad de su angustia al saber lo que había perdido. De ninguna manera sabrás que perdiste algo de valor si no sabes que lo tienes. Tampoco buscarás lo que para ti no es importante.

En una ocasión estaba tomando un taller de sanidad interior. Había sido diseñado para mujeres que querían ser mentoras de otras mujeres con baja autoestima. Una de las cosas que me llamó la atención fue un relato que me parece muy pertinente contarte. La mentora comparaba la manera en que somos afectadas según las experiencias que vivimos desde que estamos en el vientre de nuestra madre.

Ella nos presentaba el siguiente ejemplo: "Imagínese a una niña que al estar en el vientre de su madre se le regaló una mochila con 50,000 fichas (aquí yo le voy a cambiar las fichas por las dracmas o monedas). No obstante, en el vientre de su madre esta niña recibió rechazo porque tal vez no fue planeada o fue producto de un abuso, entre otras cosas. Al ser rechaza desde el vientre, en el momento de nacer ya había perdido 10,000 monedas. A una edad temprana, esa niña sufrió de un abuso sexual, maltrato físico o emocional y perdió 10,000 monedas más. Creció, ya es toda una jovencita, pero, viene arrastrando un sinnúmero de situaciones como miedos, temores, falta de afecto y rechazo. Cosas que se han añadido en la medida que fue desarrollándose. En este punto de su vida comienza a buscar afecto en algún chico, pero ese joven no la toma en serio, se burla de ella, se aprovecha y luego la abandona. Las monedas en su mochila son cada vez menos.

Aquella niña ahora es una adulta y tan solo cuenta con 10,000 monedas en su mochila. Su autoestima se vio tan fuertemente afectada que como no quiere perder las últimas monedas que le quedan, prefiere pensar que no tiene nada de valor para ofrecer. Cree que ha perdido todo lo valioso y nada que haga le hará recuperarlo. Se niega a sí misma el derecho de buscar oportunidades e incluso de soñar.

Este relato conmovió mi corazón. ¡Cuántas mujeres caminan por la vida con esta mentalidad de proteger lo que según ellas es lo único que les queda, y se pierden la valiosa gracia de nuestro Señor! La mujer de la dracma perdida pudo haber pensado lo mismo. Es posible que se preguntara ¿para qué buscar? Pudo resignarse o victimizarse. No obstante, algo en su interior le decía: "Está aquí, en tu casa, comienza a buscar. Haz lo necesario para hallarla. Enciende la luz, busca la escoba y decídete a recuperarla".

Puede que tú seas esa mujer a quien el Espíritu Santo le pueda estar ministrando en este momento. Si es así, abre tu corazón. No renuncies a tu herencia. Por más difícil que se haga la búsqueda, te garantizo por mi experiencia que encontrarás lo que se te ha perdido. Y no solo lo recuperarás, ¡LO CELEBRARÁS! Aquella mujer celebró cuando encontró su dracma. Llamó a sus amigas y celebraron con ella. Posiblemente, no te percataste antes de lo que habías perdido, o lo sabías, pero procrastinaste la búsqueda.

¿Sabes qué? No es tarde, el tiempo es ahora. Dios quiere ayudarte en el proceso. ¿Te identificas con los relatos planteados? ¿Sientes que perdiste algo valioso y no lo has podido recuperar?

Te invito a desnudar tu alma sobre estas líneas

_____

_____

_____

_____

_____

_____

_____

_____

Te propongo sellar este tiempo con una oración: *Padre, necesito que me ayudes a encontrarme a mí misma. Quiero ser una mujer diligente e intencional en mi intimidad contigo. Deseo con todo mi corazón caminar en fe, buscarte cada día y encontrar en ti todo lo que necesito para salir adelante victoriosa. Ayúdame a entender que soy una mujer valerosa y que soy libre en tu amor. En el nombre de Jesús, Amén.*

Aquí te presento unas palabras de afirmación:

- *Se me ha entregado un tesoro que es herencia de Dios para mi vida.*
- *Buscaré diligentemente estar llena del Espíritu Santo.*
- *Seré intencional en mi búsqueda con Dios y Su presencia.*
- *Daré prioridad a las cosas importantes de mi vida.*
- *Abro mi corazón para que sea sanado en su totalidad por el Señor.*
- *No me conformaré, sino que viviré la vida a Plenitud.*
- *Celebro mi libertad en Cristo Jesús.*

Capítulo 16

Agradece

"Dad gracias en todo porque esta es la voluntad de Dios para con vosotros en Cristo Jesús" 1 Tesalonicenses 5:1.

En este capítulo cuento con una colaboradora y amiga muy especial llamada Pilar. Ella no está aquí por casualidad. Cuando vi el depósito de Dios en su vida, supe que nadie mejor para traer claridad en este tema. Todo lo que les voy a compartir en las siguientes líneas está en congruencia con mi experiencia y lo que esta mujer, llena del Espíritu Santo, aportó para ti. Compartí en las pinceladas de mi historia que uno de los obstáculos con los que me enfrenté en mi proceso de transformación fue responder al llamado del predicador a ser agradecida. No quiero que pienses que era prepotencia de mi parte o un acto de rebeldía hacia Dios. Se trataba de una impotencia para ver más allá de mis ojos naturales la bondad del Señor en mi vida. Desafortunadamente, hasta ese momento desconocía totalmente que una de las armas que más bendición añade a nuestra vida es precisamente ser agradecidas.

La gratitud se define como un sentimiento de valoración y estima hacia un bien recibido, ya sea espiritual o material. Tal sentimiento se expresa en el deseo voluntario de correspondencia a través de las palabras o de un gesto. No obstante, hay una naturaleza humana que no es inclinada o no tiene la capacidad de manifestar la gratitud. Esto suele deberse a que erróneamente concluimos que para estar agradecidos tenemos que sentirnos bien o tener todo aquello que deseamos o soñamos. En mi caso, en medio del panorama adverso que estaba viviendo, expresar palabras de gratitud al Señor resultaba incómodo y hasta me parecía absurdo. No podía ver Sus bendiciones, ni Su justicia. Entonces, al observar solo lo negativo, y sentir inconformidad con todo lo que me rodeaba, no encontraba razones suficientes para agradecer. Al contrario, estaba en una constante actitud de queja. Me pasé cuarenta y cuatro días empujando, motivando e instando a mi espíritu para que respondiera en gratitud al Señor. Me encontraba frente al pozo de las quejas. Fue una temporada estacionada y concentrada en el dolor, la insatisfacción, el coraje, la incapacidad de actuar con autoridad sobre el espíritu que afligía mi corazón. ¿A cuántas les ha pasado algo similar? ¿Cuántas están ahora en ese mismo pozo?

Cuando comenzamos a vivir en gratitud somos capaces de valorar todas las cosas que tenemos alrededor.

Créeme, si visualizas las bendiciones que Dios en Su misericordia te ha regalado tendrás razones suficientes como para no volver a pararte frente al pozo de las quejas. Cuando comenzamos a vivir en gratitud somos capaces de valorar todas las cosas que tenemos alrededor. Podemos apreciar los detalles y los matices de la vida misma y dar gracias a Dios en cada temporada por desafiante que ésta sea.

Ahora bien, continuando con las notas de mi amiga Pilar, me pareció indispensable ponerte al tanto de los beneficios tan poderosos que nos ofrece el tener una actitud de gratitud. Hay estudios que demuestran que expresar palabras de gratitud trae beneficios extraordinarios a nuestro cuerpo en general. Esos beneficios incluyen a nuestro cerebro. ¡Sí, leíste bien! Por la vía neuronal, la gratitud estimula las vías cerebrales para la liberación de un neurotransmisor llamado serotonina. La serotonina es conocida como la hormona de la felicidad. Este neurotransmisor está relacionado con el control de las emociones y el estado de ánimo. Además de proveernos estado de felicidad, nos ayuda a regular un sinfín de funciones en nuestro organismo, todas ellas indispensables para sentirnos y estar bien. Y, por si fuera poco, se ha descubierto que si tenemos los niveles de serotonina altos es muy poco probable que la depresión entre a nuestro sistema. Lo que este estudio nos indica es que, si hacemos de las expresiones de gratitud un estilo de vida y lo ejercitamos a diario, indiscutiblemente se estará generando en nuestro cuerpo una salud integral óptima. ¿Qué te parece?

Sé que hasta este punto te sientes animada a continuar leyendo, pero es que ahora viene la mejor información y también la más importante. Hasta ahora sabemos que la gratitud está directamente relacionada con el bienestar físico, mental y emocional. Pero ¿qué si te decimos que a nivel espiritual nos posiciona en dimensiones extraordinarias? ¿Lo creerías? ¿Sabías que la expresión de gratitud es parte fundamental de nuestra adoración diaria al Dios Altísimo? Por eso en *Salmos 100:4* se nos invita a entrar a Su presencia con acción de gracias. ¿Sabías que, es una honra a Su nombre?

Las Escrituras nos dicen que Dios honra a los que le honran. ¿Recuerdas a la mujer que derramó sobre la cabeza de Jesús Su perfume más costoso? *Marcos 14* relata este suceso. Sin lugar a duda, el gesto de aquella mujer que irrumpió en la reunión denota un corazón que albergaba un profundo sentimiento de gratitud hacia el Maestro. Tal actitud agradó tanto a Jesús que sin ella saberlo provocó que dejara memorias hasta el presente. Esta mujer, indudablemente, logró transicionar. Si fuéramos a decirlo secularmente, utilizaríamos la expresión: "Entró al Salón de la Fama". Para muchos fue algo sin valor, para otros supuso una pérdida de dinero, para Jesús representó el mayor acto de gratitud, reverencia, adoración y sacrificio. Por eso debes ser consciente de que todo acto de gratitud que puedas expresar ya ha sido recompensado.

Cuando el corazón no agradece, o no reconoce la intervención de Dios, termina seco.

Por otro lado, la gratitud hace aportaciones increíbles a nuestra manera de vivir. Nos libera de pensamientos egocentristas. Nos hace libres también de creer que las bendiciones que podamos disfrutar se deben a nuestro exclusivo esfuerzo. La gratitud nos ayuda a tener presente la inmerecida y benévola gracia de Dios. Por el contrario, la ingratitud enfoca la atención directamente hacia nosotros, pero la gratitud la ubica en la única dirección correcta, que es Dios. Cuando el corazón no agradece, o no reconoce la intervención de Dios, termina seco. Un corazón seco es sinónimo de fragilidad y estancamiento, por lo que la ingratitud no puede tener lugar en el corazón de una hija de Dios.

Dicen que la gratitud es la memoria del corazón, y ciertamente lo es, porque cada vivencia nos provee una imagen clara acerca de quién es Dios en nuestra vida y cómo fuimos alcanzadas por Su misericordia. Es una poderosa herramienta para fortalecer nuestra intimidad con el Padre Celestial. La gratitud desaloja la autosuficiencia y arraiga la dependencia en Su amor, convirtiéndose en un acto profético que nos alinea inmediatamente en el centro de Su voluntad. Tiene la capacidad de aumentar nuestra fe a niveles exponenciales. Sin duda alguna, la gratitud no es un simple gesto de simpatía, ética, o de buenos modales, esto va mucho más allá de una acción simplista y de cortesía. Tiene el poder para desarmar toda resistencia en nuestro interior y acercarnos de forma genuina al propósito de Dios.

Recuerda siempre que la voluntad de Dios es que aprendamos a ser "Agradecidos en todo", *1 Tesalonicenses 5:18*. Te exhorto a practicar la gratitud hacia Dios y hacia tus semejantes, comenzando por los de tu casa, porque es la única manera en que te mantendrás vulnerable y expectante a la manifestación del amor de Dios. Hazlo con un corazón humilde y rendido a Sus pies, pues de este modo ya no tendrás que visitar el pozo de las quejas y este no se convertirá en un obstáculo para tu rendimiento y crecimiento espiritual. Al hacerlo, te aseguro que tu gratitud se volverá en una hermosa expresión de adoración que desembocará en experiencias maravillosas para tu vida.

Luego de haber expuesto la importancia de expresar gratitud y vivir con un corazón agradecido: ¿Cuáles son las cosas que te motivan a ser una mujer agradecida?

Te invito a desnudar tu alma sobre estas líneas

_____

_____

_____

_____

_____

_____

_____

Te invito a sellar este tiempo en oración: *Padre, reconozco que muchas veces se me ha hecho difícil llegar a ti con un corazón agradecido. Hoy quiero expresarte mi gratitud por todos los detalles que has tenido conmigo. No quiero volver a pararme frente al pozo de las quejas. Ayúdame a recordar que estoy viva y que cada día aquí en la tierra hay un motivo para expresar gratitud. En el nombre de Jesús, Amén.*

Aquí te presento unas palabras de afirmación:

- *Gracias Señor por el privilegio de estar viva.*
- *Gracias Padre por amarme.*
- *Gracias por mi libertad.*
- *Gracias por hacerme parte del Cuerpo de Cristo.*
- *Gracias por cada experiencia y enseñanza aprendida de mis procesos.*
- *Gracias porque a través de la gratitud de mi corazón puedo rendirte adoración.*
- *Gracias Padre por recordarme que me quieres feliz.*
- *Gracias por mi familia y mis seres queridos, no somos perfectos, pero Tu amor nos une.*

Testimonios, Mujeres provocadoras de cambios

Capítulo 17

Elegida por Dios

*U*na vez más me encontraba desarmada frente al despiadado y cruel espejo. Ese que me hacía cuestionar mi existencia aquí en la tierra. Preguntas que retumbaban una y otra vez en mi cabeza. ¿Quién Soy? ¿Por qué existo? ¿Dónde encajo? ¿Qué tengo para ofrecer a este mundo? ¿Cuál será mi propósito en esta vida? Ninguna de ellas parecía tener una respuesta clara y lógica. En esa temporada no reconocía que era un ataque directo a mi identidad. En mi mente afloraban pensamientos recurrentes que me dictaban cosas negativas de mi persona. Lo irónico del caso es que el espejo llegó a convertirse en mi peor enemigo. Pararme frente a él era ver reflejada mis penurias y la triste realidad de una mujer con una autoestima por el piso. Llegó un momento dado que al contemplarme podía escuchar su risa burlona y destructiva haciendo eco en mi corazón.

Todos los días era confrontada con lo que parecía ser mis defectos y debilidades. No encontraba nada bueno en mí. Me consideraba sin valor alguno. La Palabra de Dios afirma en *Proverbios 23:7: "Cuál es su pensamiento en su corazón, tal es él"*. Definitivamente, no hay duda de que nuestro exterior es el reflejo de lo que llevamos en nuestro interior, aunque tratemos de disfrazarlo de distintas formas.

El tiempo continuó su paso convirtiéndome en una mujer afligida de espíritu y estéril. Temerosa de encontrarme frente a un espejo. La confusión en mis emociones me llevó a hundirme en una depresión severa. Esta condición no solo afectó terriblemente mi área emocional, sino que impactó todo mi entorno, incluyendo mi cuerpo. Vivía una pesadilla continua. Las inseguridades, la duda de mí misma y los temores impedían que alcanzara mi destino y el potencial completo en Cristo. Me consideraba una mujer desconocida, literalmente, como si fuera de otro planeta.

Esa pobre autoimagen que tenía de mí misma me llevó a cavar un pozo profundo donde sucumbían todas mis esperanzas. Me era imposible entender que de todas las posibles imágenes del mundo que tenemos en nuestra mente, la más importante es aquella que tenemos de nosotras mismas. Con el tiempo aprendí que esa autoimagen es la médula de nuestra personalidad, el punto de partida, el primer paso y esencial para alcanzar, no solo las metas y proyectos deseados, sino también el propósito de Dios en nuestra vida.

Llegó el día donde no soportaba continuar con aquella crisis existencial. Debía tomar acción para cambiar mi situación. No sabía por dónde comenzar y recuerdo que me dirigí hacia el lugar donde tenía colocada la Biblia. Inmediatamente, la abrí y me encontré con *Jeremías 1:5* donde dice: *"Antes de formarte en el vientre, ya te había elegido; antes de que nacieras, ya te había apartado; te había nombrado profeta para las naciones".* Continúe buscando y me encontré con el *Salmo 139: 15-16* que dice: *"No fue encubierto de ti mi cuerpo, bien que en oculto fui formado, y entretejido en lo más profundo de la tierra. Mi embrión vieron Tus ojos, y en Tu libro estaban escritas todas aquellas cosas que fueron luego formadas, sin faltar una de ellas".* Estos versos impactaron mi mente y corazón. ¡Podía escuchar la voz del autor de las Sagradas Escrituras hablándome!

Las palabras que salían de Sus labios eras demasiado hermosas para mí. Estaba hambrienta de saber que más tenía que decir el Dios que me había creado. Te comparto que comencé a adentrarme en el río de Su Espíritu. Mientras profundizaba en Su Palabra, más comprendía quién yo era. Todas las preguntas en mi cabeza comenzaban a tener una respuesta que tranquilizaban mi alma desesperada.

En la intensa búsqueda logré visualizar mi condición espiritual. De mis ojos comenzaron a caer escamas que obstaculizaban mi visión. Fue entonces que entendí que necesitaba urgentemente ser transformada de adentro hacia afuera. Determiné salir de ese ciclo vicioso, el cual me estaba robando mi verdadera IDENTIDAD en Cristo. Hice el ejercicio de entrar en tiempos de ayuno y oración. Hasta que un día, en medio de esa búsqueda incesante, el Espíritu Santo habló a mi espíritu y me dijo: "Quiero que te mires en el espejo y me digas que tú ves". ¿Puedes imaginar lo que eso significaba para mí?

A veces no vamos a entender claramente al Espíritu Santo, pero la Biblia dice que Él nos ayuda en nuestra debilidad. En ese entonces apenas estaba conociendo la verdad de un Ser Supremo que se interesaba en mí. ¡Jamás olvidaré ese día! Te confieso que fue una lucha tremenda poder reconocer quien yo era en Dios. Creo que esta ha sido una de las batallas más intensas que he tenido que lidiar. Estaba frente a mi peor enemigo, ¡un espejo! Lo interesante de este asunto es que el espejo no estaba roto; la imagen era clara y visible. Entonces, ¿con quién había luchado tanto tiempo? Descubrí que la batalla era con la mujer que estaba dentro de mí. En medio de esa lucha campal, algo sucedió; como en toda batalla donde Dios está presente, al fin me rendí. ¡Él me venció! Puso en su justa perspectiva todas las cosas con las que estaba lidiando por años. Pude ver la imagen de un Dios vivo en mi vida.

Luego de esa increíble experiencia tengo claro que nunca fui producto de un accidente o un experimento de laboratorio como pensaba. Soy hija de Dios y amada por Él. Soy una mujer completa en Cristo. Estoy clara en mi identidad, la cual me afirma y me establece en los valores de mi fe. Como madre y esposa pude edificar mi casa sobre la roca. Miro atrás y puedo ver el favor de Dios, no solo en mi vida, sino también en la de mi familia y el ministerio que Dios ha colocado en nuestras manos. Conectar con la Palabra y con mi Padre fue lo que me ayudó a amarme y a valorarme. Ahora, cuando me miro al espejo me siento libre de prejuicios.

Lectora es imprescindible que valores quien eres tú. Una mujer de destino y propósito. Has sido separada y elegida desde antes de la fundación del mundo. Dios tiene un plan único y exclusivo para tu vida. Nadie más puede ocupar tu lugar porque eres única. Eres una pieza importante para Dios cumplir Su perfecta voluntad a través de ti en este mundo. ¡Dios cuenta contigo! Estamos aquí para marcar la diferencia. Así lo confirma la Palabra, en *Efesios 1:11*, cuando dice que: *"En Él asimismo tuvimos herencia, habiendo sido predestinados conforme al propósito del que hace todas las cosas según el designio de Su voluntad"*. Tú eres una obra de arte que Dios desea usar para mostrar una obra viviente de Su gloria.

Mujer que lees mi historia, transicionar debe ser tu meta. Sea cual sea tu objetivo, lo puedes lograr si vas agarrada de la mano del Señor. Personalmente, tengo que decirte que amar lo que observaba en el espejo se convirtió en mi meta y lo logré. Confiar en Dios fue mi mayor bendición. Hoy por hoy, puedo entender que mi identidad es el poder de ser quien soy. Por esta razón, sanar nuestra autoestima es en definitiva uno de los mejores proyectos de vida que podemos asumir. Al hacerlo, estaremos mejorando cada aspecto de nuestras vidas y dando prioridad a la relación más importante que jamás tendremos: la relación con nosotras mismas.

Con toda autoridad en este asunto te exhorto a transicionar mirando a Cristo. Él tiene la solución para todos los dilemas de la vida y quiere ayudarte. Oro con todas las fuerza de mi corazón que tu vida sea cambiada y transformada a través de mi testimonio.

En el amor de Cristo
Tu amiga y pastora Awilda Candelario
Pastorawildacandelario.net /somosunicas1@yahoo.com

Capítulo 18

Corriendo hacia la meta

*E*l recuerdo de múltiples obstáculos en diversas etapas en mi vida, hizo que me apoderara de esta poderosa palabra que se encuentra en *1 Corintios 9:24: "¿No sabéis que los que corren en el estadio, todos a la verdad corren, pero uno solo se lleva el premio? Corred de tal manera que lo obtengáis"*. La historia que les quiero relatar fue exactamente el proceso que tuve que vivir para convertir en realidad, no solo mi sueño más anhelado, sino el sueño del cual Dios me había hablado en muchas ocasiones. Las hijas de Dios tenemos derecho a soñar y a que nuestros anhelos y metas sean realizadas. Y más aún si estos se iniciaron en el corazón de Dios.

Les cuento que era muy joven cuando llegué a Puerto Rico. Como extranjera tuve que enfrentar muchos retos en mi vida personal para salir hacia adelante. Sé lo que es ser rechazada, objeto del llamado "bullying" y sentirse sola cuando más necesitaba de un apoyo. No obstante, nunca dejé de creer en Dios. Mi fe me sostenía en cada circunstancia que atravesaba. Me considero una mujer con muy alta estima y reconozco el depósito de Dios en mi vida. Desde mi juventud me propuse lograr cada meta propuesta. Poco a poco fui escalando peldaños hasta obtener mi primera carrera profesional como educadora. Para ese tiempo, laboraba mientras me dirigía hacia el doctorado en Gerencia y Liderazgo Educativo. Mi objetivo era alcanzar un grado más competitivo en el cual pudiera obtener un mejor salario para salir adelante.

En ese tiempo me sorprendió la noticia de que estaba embarazada y estando a punto de dar a luz a mi hermosa princesa, la hija de mi alegría, tomé la decisión de detener mis estudios doctorales. Ciertamente, me faltaba muy poco para lograr uno de mis mayores logros académicos. Pensaba regresar en corto tiempo para culminarlos. No obstante, el tiempo fue pasando y mi hija creciendo. Como era madre soltera, mi prioridad era mi hija. Sin darme cuenta, había engavetado todo aquel esfuerzo realizado más de lo que había imaginado. La posibilidad de regresar y retomar la carrera doctoral era muy remota a mí pensar. Hoy comprendo que el sueño que Dios coloca en nuestro corazón nunca muere. Está latente, esperando que nos esforcemos y nos armemos de valor y de fe para llevarlo a cabo.

Un día me levanté bien temprano y sin pensarlo dos veces me dirigí hacia la universidad. Realicé todo el protocolo debido y seguido, tomé el examen comprensivo para hacer la tesis doctoral. ¡Wow! ¡Habían pasado diez largos años! Estaba siendo evaluada por el comité evaluador de la universidad y al verme allí estaban sorprendidos. Una de las preguntas que me realizaron era por qué después de tantos años regresaba. Mi respuesta fue simple: "Volví por mi sueño, mi meta".

¡Estaba muy emocionada! Dios había orquestado todo en Su plan perfecto para mí, pues para esa época realizaba mi maestría en Educación Cristiana Holística. Ahora, completaría mi meta más anhelada simultáneamente. Era un momento trascendental en mi vida. Comencé eufórica y con expectativas muy altas. La felicidad que tenía se podía ver reflejada a flor de piel. Lo que jamás pude prever es lo que les contaré a continuación. Aquí es donde realmente comienza la historia que deseo relatarte. No lo hago para que renuncies al sueño de Dios en tu vida, más bien, para que te animes y seas esa mujer que transiciona. Yo describo mi aventura de esta manera: me rodearon los Sambalat y Tobías, pero los vencí.

¿Sabes quiénes son ellos? Los que menciona la Biblia en el libro de *Nehemías*. Estos son los conflictos y las circunstancias que se presentan en el camino para evitar que el sueño que Dios se cumpla en ti. El único fin es evitarte avanzar hacia tu nueva temporada. Llegan para desafiar tu fe. Obstaculizan tu propósito, te intimidan y minimizan al Dios que tú le sirves en el punto de tu vida donde tu fe y determinación deben prevalecer. Los Sambalat y Tobías pueden ser tus miedos, temores, inseguridades, desanimo, pereza, o alguna persona en tu camino. En mi caso tuve que confrontarlos a todos. Soy de las que utilizo la Palabra de Dios como fundamento en todas las áreas de mi existencia. Una de las promesas que me recuerdo cada día es que *"Si Dios es conmigo, quién contra mí" (Romanos 8:31)*. Cuando contamos con el respaldo de Dios corremos la carrera sin temor.

Para continuar narrándote mi experiencia, una vez estando en la etapa de preparación de la tesis, en el proceso de los permisos desde la autorización hasta la etapa final de la defensa, pasaron muchos eventos sorpresivos. Entre estos, personas encargadas de autorizar los procesos murieron, se detuvieron otras áreas por razones que no tenían explicación alguna, y en adición, acontecieron huracanes, terremotos, y una pandemia de la que todos conocemos los resultados. Asimismo, la presencia de escasos recursos económicos tocaba a mi puerta, entre muchas cosas más que si te cuento no acabaría. Una y otra vez, cada progreso alcanzado comenzaba a retroceder. ¡Parecía que nunca iba a terminar! Te confieso desde lo más profundo de mi alma que hubo lágrimas, en ocasiones desesperación y momentos de gran incertidumbre, pero mi seguridad estaba en aquel que prometió, mi Padre Eterno.

La cúspide de la recia batalla continuó con la culminación de la tesis, seguido del proceso de defensa, parte final para terminar mi meta y lograr la victoria. Quiero decirte, hermana en Cristo, que desde que decidí comenzar de nuevo este sueño, hasta el último día no dejaron de ocurrir inconvenientes en la trayectoria, inclusive para determinar la aprobación final de mi doctorado. Fue un proceso agotador en todos los sentidos. Podía percibir como los ojos de todos mis conocidos, compañeros y profesores estaban puestos sobre mí. Me sostenía la esperanza en el Dios de mi salvación. El que me reveló que sería un camino dificultoso, pero que si me mantenía corriendo la carrera de la fe, sin detenerme, me daría una poderosa victoria. Es cierto que a veces nuestras manos se cansan y hasta se debilitan las rodillas, pero Dios ha prometido estar con cada una de nosotras hasta el final y no fallará. Actuar en el tiempo preciso y creer en lo que Dios ha dicho nos sostendrá en medio de las batallas más campales que podamos estar viviendo. Lo que Dios dijo se cumplirá. "En Él está el sí, y el Amén".

Por fin, terminé y defendí mi tesis doctoral a la misma vez que concluía mi maestría en Educación Cristiana Holística. Ahora solo faltaban los actos de graduación de mi grado doctoral. Te confieso que debía mucho dinero a la universidad y para participar de los actos de graduación y obtener mi diploma se exigía la cancelación de la deuda. Esa noticia produjo en mi interior tristeza y la duda quiso hacer nido en mi mente. Entonces recordé la promesa que Dios me había hecho. De inmediato, escuché la suave voz de Dios en mi espíritu, dándome instrucciones específicas acerca del siguiente paso a seguir. Lo que sucedió luego, fue ver cómo Dios envió ángeles que costearon los gastos de toda la graduación, el festejo y hasta los regalos.

Ese día estaba sentada en primera fila y gritaba eufórica: "¡Padre, Tú lo hiciste!" La Palabra de Dios nos recuerda en *Eclesiastés 2:26: "Porque al hombre que le agrada, Dios le da sabiduría, ciencia y gozo; más al pecador da el trabajo de recoger y amontonar, para darlo al que agrada a Dios".* Finalmente, hoy veo la foto colgada en la pared de mi cuarto de adoración, y después de un año, las lágrimas que recorren mis mejillas son de alegría y agradecimiento.

Culmino diciéndote a ti lectora, *"Si puedes creer, para el que cree todo le es posible" (Marcos 11:23)*. Pero, también la Biblia nos recuerda que *"la fe sin obras es muerta"*. Si decidí contarte mi testimonio es para que puedas fomentar tu fe y logres transicionar a cualquiera que sea tu meta. Si sientes que en el proceso vas a desmayar busca apoyo espiritual. Ese apoyo espiritual fue imprescindible en toda mi jornada. De esta experiencia de vida aprendí que es posible ser una mujer que transiciona en cualquier área de nuestra vida. Mujer, ¡Transiciona! Es creer, crecer, madurar y caminar por encima de la duda y la realidad que tengas de frente. Es continuar el camino hacia tu nueva temporada escuchando solo la voz de Dios. Es alcanzar el propósito divino en el mundo invisible reflejado en lo visible. Les bendigo en el nombre poderoso de Jesús.

Con cariño, Dra. Yesenia M. Mercedes Sánchez

Capítulo 19

Viviendo en libertad

Como toda joven enamorada esperaba con ansias el día más importante de mi vida, mi boda. Y... ¡Al fin llegó! La ilusión de esa experiencia capturó mis sentidos a tal extremo que perdí de perspectiva la importancia de elegir bien a aquella persona que me acompañaría el resto de mi vida. La felicidad y la pasión de ver mi sueño hecho realidad se tornaron en oscuridad repentinamente. Recuerdo esa tarde como si fuera hoy.

Había sido un día de trabajo difícil y complicado. Mi único anhelo era llegar a la casa, sentarme en mi sofá favorito y tomarme una rica y deliciosa taza de café junto a mi esposo. Para ser sincera, eso solo era posible en mi mente. Todo era un espejismo. Vivía en una relación disfuncional. Aquel hombre que amaba y con el cual me había casado era alcohólico. De hecho, desde que fuimos novios presentaba ese tipo de conducta. Pensaba en mi poca experiencia que podría cambiarlo.

Ciertamente, eso es lo que muchas mujeres creemos cuando estamos en la etapa del enamoramiento. Lamentablemente, estaba muy lejos de la realidad que comenzaría a vivir. Llevábamos apenas un mes de casados cuando surgió la primera discusión producto de su alcoholismo. Fue tan impactante ese momento que sentí literalmente como las escamas de mis ojos comenzaron a desprenderse. Por primera vez me di cuenta del error tan grave que había cometido. Volver a la casa de mis padres no era una opción. Debía enfrentar con valentía el desafío que tenía frente a mis ojos. Ese día, también comprendí la necesidad de Dios en mi vida. En esa desesperación corrí a los pies de Cristo y le entregué mi corazón. Desde ese, instante me aferré al Señor y a mi matrimonio con todas mis fuerzas.

Transcurrido el tiempo continuaba sirviendo apasionadamente al Señor y luchando por mantener mi hogar en pie. Ahora no solo lo hacía por mí, sino también por mi hijo de dos años. Él se convirtió en mi razón de vivir. En esa temporada me encontraba laborando en mi profesión de enfermera. Como la situación en mi hogar estaba muy tensa y mi esposo se sumergía cada vez más en el alcoholismo, decidí dejar mi trabajo para cuidar de mi hijo y de alguna manera salvar nuestro matrimonio. Lamentablemente, fue un grave error. Comenzamos a sufrir escasez económica al extremo de no tener nada para comer. Por si fuera poco lo que estaba enfrentando, un día una mujer llegó a la puerta de mi casa para darme la terrible noticia de que mi esposo, el hombre que tanto yo amaba, me era infiel con ella.

El mundo se me vino encima. ¡No lo podía creer! ¡Cómo era posible que todos mis esfuerzos para lograr un cambio en él no hubieran valido la pena! Lo peor del caso es que al confrontarlo no dudó en responsabilizarme por su infidelidad, convirtiéndome en el proceso en víctima de su manipulación.

De la noche a la mañana, sin darme cuenta, me convertí en una mujer que sufría de violencia psicológica. Este hombre comenzó a humillarme y devaluarme como mujer con sus epítetos. Sus comentarios despectivos y burlas hacia mi persona llenaron mi corazón de rechazo y odio hacia él. Nunca antes había experimentado un sentimiento tan destructivo. Los pensamientos de frustración, inseguridad y poca valía, invadieron mi mente, hasta el punto de sumergirme en una despiadada depresión. Mi salud física se deterioró hasta quedar en los huesos. Mi estado emocional y físico fue tan crítico que, inclusive, hubo un tiempo donde no podía cuidar de mi hijo. No obstante, en medio de ese caos, Dios me alcanzó. Vi Su mano poderosamente obrando en mi circunstancia. Conocí al Padre que no te juzga por lo que tú puedas sentir en momentos de dolor, desesperación o ansiedad. Él se toma Su tiempo para revelarte Su amor y sanar tu corazón.

El trayecto recorrido en los brazos de mi amado Salvador, hizo que me repusiera de todo lo que había afectado mi salud física y emocional. Habían pasado ocho intensos y largos años, y aunque la situación en mi hogar continuaba sin ningún cambio que pudiera reconocer, en medio de la travesía del desierto había crecido y madurado espiritualmente. Ahora me encontraba predicando la Palabra de Dios y compartiendo mi testimonio en distintos lugares de mi isla. Desarrollé una profunda intimidad con el Espíritu Santo. Podía escuchar la voz de Dios en mi espíritu cuando me llamaba a entrar en Su plan y propósito y cuando me decía: "Te catapulto a propósitos inesperados". Me retumbaba en los oídos: "Te llevo aprisa". Entendí que Él me dirigía hacia un tiempo de posicionamiento. Yo no sabía cómo Dios lo haría. Mi entorno no era el más favorable. Lo que sí te puedo decir, es que le creí a Dios y acepté Su invitación para transicionar. Cada día vivía en expectación y en espera de lo que Dios ministraba a mi espíritu.

Un día, para mi sorpresa, hubo un movimiento celestial y fui nombrada pastora de la Iglesia Hijos de Sion en Arecibo. Fue una experiencia increíble e inolvidable. Todo lo que Dios había ministrado a mi espíritu se estaba cumpliendo al pie de la letra. ¡Mi corazón rebosaba de una inmensa alegría! ¡Estaba tocando el cielo! Comencé con determinación el llamado y segura de que Dios estaba conmigo. Aunque ciertamente, la lucha en el hogar se intensificaba cada día más, estaba dispuesta a seguir hacia adelante con mi matrimonio y con la obra. Por los siguientes años fueron muchas las estrategias que utilicé para mantener la paz y la armonía en el hogar, pero tristemente ninguna funcionaba. El enemigo estaba empeñado en hundirme nuevamente en un estado de ansiedad y acabar con todo el depósito de Dios en mis manos. Para minimizar de algún modo mi realidad existencial inconscientemente comencé a vivir de apariencias. Era una máscara que usaba para ocultar el dolor de mi familia y feligresía. Fueron tiempos retantes. No obstante, todos los días me levantaba afirmada en la fe y en la esperanza de que pronto todo fuera distinto.

Pece a la situación en mi hogar, Dios continuaba abriéndome puertas. Esta vez, no solo ministerialmente, también lo hizo secularmente. La situación económica que sufrí durante años comenzó a estabilizarse. Por un tiempo, pensé que también mi matrimonio se recuperaría de la crisis enfrentada. Anhelaba con todo mi corazón mantener el pacto que hice en el altar, aunque ese esfuerzo conllevara continuar sufriendo sus infidelidades y el maltrato psicológico al que había estado expuesta. A pesar de esta decisión de no convertirme en un porcentaje más de la tasa divorcio, un día llegando de mi trabajo me topé con la sorpresa de que no podía entrar a la casa. Mis pertenencias, es decir, toda mi ropa, estaba frente a la puerta de la entrada esperándome. Aquel hombre se había apoderado de todo. Ese día me quedé prácticamente con las manos vacías. Todo por lo que había luchado ya no me pertenecía. Mi hijo tenía cumplida la mayoría de edad y había decidido quedarse con su papá. ¡Mi corazón estaba literalmente destrozado!

Ese día, las semanas y meses siguientes se convirtieron en una pesadilla. Tuve que enfrentar lo que había evitado por más de 20 años. El divorcio causó estragos en mi mente. Por un lado, pensaba en el dolor ocasionado en el corazón de mi amado hijo y por otro, mi familia que no entendía cómo algo así pudo suceder. Además, me daba vergüenza el tener que dar cara ante la congregación para exponerle lo sucedido. Por primera vez en años me quedé al descubierto, sin ninguna máscara que pudiera esconder mi frustración y decepción. Me vi completamente sola y vulnerable ante los señalamientos.

Enfrentar el divorcio causó que me volviera a sucumbir en los brazos de la depresión. Esta vez pensé que no saldría viva. No obstante, al igual que la primera vez, pude experimentar el cuidado y la protección de mi Abba Padre. Experimenté lo que dice el salmista: *"Me empujaste con violencia para que cayese, pero me ayudó Jehová. Mi fortaleza y mi cántico es Jehová, y me ha sido por salvación" "No moriré, sino que viviré y contaré las obras de Jehová" (Salmos 118:13,14; 17)*. No queda duda alguna que en el desierto de la depresión y la soledad Dios se hace presente. En ese proceso, nuevamente fui visitada por el Señor y esta vez me dijo: "Estás en casa del alfarero; ahora me toca a mí". Ahí entendí que Dios estaba impulsando Su buen propósito en mí. Moldearme era parte esencial del proceso.

Sin lugar a dudas, la transformación requiere de una sincera humildad para reconocer la condición física, emocional o espiritual en la que nos encontramos y valor para salir del lugar o ambiente donde estamos cautivas. Para finalizar, te cuento que desde el preciso instante que decidí colocarme en las manos del alfarero toda mi vida fue restaurada y puesta en orden. La Palabra de Dios dice en *Juan 15:5* que: *"Sin Dios nada podemos hacer"*. Con Su ayuda logré superar mis crisis emocionales. Me hice fuerte. Aprendí a valorar y amar la vida, y lo más increíble, amarme a mí misma. Pude soltar al que consideré el causante de mi desgracia sin ningún tipo de condenación. En el presente disfruto de mi amado hijo, de mi familia y de la hermosa congregación que el Eterno en Su infinita misericordia me ha permitido liderar. Soy una mujer dichosa, realizada, agradecida, feliz y con sentido de propósito. ¡Soy una mujer que vive en libertad! Amiga lectora, si te has identificado con mi historia quiero decirte que tú también puedes transicionar y disfrutar esa libertad. Activa tu fe y cree que Jesús anhela ayudarte por medio de Su Espíritu Santo. Él siempre estará accesible para ti. Te regalo mi verso favorito: *"Hubiera yo desmayado si no creyese que veré la bondad de Jehová en la tierra de los vivientes" (Salmos 27:13)*. Con cariño, tu hermana en Cristo.

Pastora Marta Caraballo
Iglesia Hijos de Sion, Arecibo, Puerto Rico

Capítulo 20

Tienes todo lo que necesitas

Déjame contarte mi historia. Soy la hija de la autora de este ejemplar que tienes en tus manos. No pude resistirme en aceptar su invitación para dejar plasmado mi testimonio con el objetivo de bendecir tu vida. Te cuento que desde muy pequeña aprendí a amar el estar en la presencia del Señor. Una de las tantas enseñanzas que atesoro de mi mamá es que nos enseñó que por más duro que pareciera este caminar en la fe, jamás deberíamos dudar del cuidado y amor de nuestro Padre Celestial. Crecí superando muchos obstáculos y desafíos, pero abrazando la verdad que he creído. Creo en los milagros porque soy testimonio vivo del poder de Dios. He visto la sanidad en mi cuerpo desde que era una infanta. Dios me sanó de asma, lupus, una condición en mi espalda y de una enfermedad llamada artritis reumatoide juvenil, condiciones que según la ciencia médica son incurables.

Luego de atravesar mi etapa juvenil me casé a los 20 años y tuve dos hijos. Me encontraba sirviendo al Señor como siempre, envuelta en actividades y reuniones con mis hermanas en la fe, hasta que un día inesperado, llegando de estar de vacaciones con mi familia en Puerto Rico, comencé a sentirme extraña. Todo comenzó un domingo en la mañana. Me preparaba para asistir al servicio de mi iglesia, cuando empecé a sentir mareos y un temblor en todo mi cuerpo. Llamé a mi esposo porque pensé que me había bajado el azúcar. Él me indicó que no era posible porque recién había desayunado. Me recosté en la cama y traté de relajarme. Ese día no pude asistir al templo. Pasados los siguientes días, al ver que esos episodios continuaban con más frecuencia e intensidad, nos dimos cuenta de que estaba enfrentando una crisis nerviosa. Esta vez, comenzaron a llegar pensamientos y sentimientos de temor y tristeza. Descubrimos que lo que me estaba ocurriendo eran ataques de pánico. Nunca antes algo así me había sucedido. No había causa o razón alguna en mi condición de salud física, emocional y mental hasta ese momento.

Quisiera describirte con más detalles lo que sentía, pero jamás lograrías comprenderme a menos que lo hayas experimentado. La realidad era que dentro de mi cuerpo había una revolución que no podía contener. De la noche a la mañana mi vida se estaba desmoronando. Mi cuerpo reaccionaba con temblores tan fuertes que no me podía sostener en pie. Hasta mis dientes chocaban unos con otros. Sentía mi pecho agitado y la respiración acelerada. No podía conciliar el sueño. Estos episodios me asaltaban en cualquier lugar y a cualquier hora. La crisis fue agravándose hasta impedirme salir de la casa. La única herramienta viable que teníamos para apoyarnos era la oración. Sin embargo, llegó un momento dado donde sentía que no hacía efecto. Parecía no pasar del techo de la casa.

Habían pasado dos meses y para mí fue como una eternidad. No podía salir para ningún lado, ni encender la televisión o mirar mi celular e incluso, no podía atender a mis hijos y esposo como correspondía. Un día me armé de valor pensando que tal vez llegar al templo me ayudaría a calmar toda la ansiedad con la que estaba lidiando. Sin embargo, estando allí volvieron todos los síntomas. Creí que moriría. Estaba en uno de los peores momentos de mi vida. Todos los presentes trataban sin éxito de ayudarme. Hasta que no les quedo otra opción de llamar al 911. Todo pasó tan rápido, según mi interpretación, que sin darme cuenta estaba dentro de una ambulancia camino al hospital.

Estando en el hospital intervinieron rápidamente conmigo tratando de estabilizarme, pero nadie lo lograba. Es en ese momento el médico entró al cubículo donde me encontraba. Él se quedó observándome en silencio y sonrió, mientras yo le suplicaba desesperadamente y envuelta en llanto que me diera algún medicamento que me ayudara a dormir. ¡Yo solo quería dormir! Llevaba días sin conciliar el sueño y me sentía muy agotada, agobiada y deprimida. El médico por fin pronuncio sus primeras palabras mientras me miraba fijamente a los ojos: "No debo decirte esto, pero tú no necesitas medicamentos, lo que necesitas es orar". Yo lo miré con mucha ira. En ese instante le dije con voz de enojo: "¿Dónde usted piensa que yo estaba antes de llegar a esta sala de hospital?" Y sin que él pudiera responder, le resumí toda mi trayectoria en los caminos del Señor. A todo esto, me volvió a mirar fijamente a los ojos y me repitió las misma palabras: "Tú no necesitas medicamentos, tú necesitas orar".

Debo confesarte que no era la respuesta que esperaba. Sin nada más que aportar me prescribió solo cinco pastillas para dormir y me indicó que las utilizara si realmente era necesario. Al segundo día, luego de haber tomado dos de aquellas pastillas, me sentía un poco aliviada y descansada. Entonces, las palabras del médico comenzaron a hacer eco en mi mente.

Ciertamente, escuchar a un doctor hacer expresiones como esas no era algo normal. Los días fueron pasando y sus palabras retumbaban en mi espíritu a todas horas. Definitivamente, Dios me estaba hablando. Había un misterio en aquella exhortación que debía descubrir. Algo estaba pasando por alto en mi oración. *Santiago* nos dice claramente que *"Pedimos y no recibimos porque no sabemos pedir".* Yo no estaba orando como era correcto. Lo estaba haciendo desde mi dolor y mi lamento, pero no estaba empleando el recurso de Palabra de Dios. Así que un día me levanté cansada de aquella situación y comencé a hablar con el Padre.

Las primeras expresiones que salieron de mi boca es que no estaba dispuesta a vivir con aquel temor y descontrol el resto de mi vida. Determiné cambiar mi lenguaje. Comencé a expresar lo que la Palabra de Dios nos dice para procesos como el que yo estaba viviendo. No recordaba muchos textos bíblicos. Les confieso que literalmente comencé a buscar en internet. A medida que los iba leyendo y declarando sentía la paz de Dios en mi corazón. Uno de los textos que repetía día y noche era el de *Romanos 10:17: "Así que la fe es por el oír, y el oír, por la palabra de Dios"*. Estaba consciente de que lo que estaba sucediendo en mi cuerpo no me pertenecía.

Esto que te relato me tomó tiempo y esfuerzo. Fue hablarme a mí misma como quien se habla en el espejo y asegurarme que pronto saldría de aquella situación. Ya no me concentraba en mi problema ni en mis circunstancias; había encontrado sentido de pertenencia en las Sagradas Escrituras. Cuando comencé a hacer proclamaciones de fe, según lo escrito en la Biblia, puede ver el cambio extraordinario. En ese tiempo hice un ejercicio no solo de fe, sino de acción.

En estas crisis debes estar clara que necesitas accionar. Mi recomendación es que te apropies de las promesas de Dios y las declares sobre tu vida. Eso fue lo que me ayudó a entender que no estaba sola. Que lo que me ocurría era parte de un proceso que tenía fecha de vencimiento. Otra declaración de fe que me sustentó fue saber que nuestro *"Dios no nos ha dado un espíritu de cobardía, sino de poder, amor y dominio propio"*. Hice míos los *Salmos 23, 91,* y la oración del Padre Nuestro, y lo recitaba día y noche. También practiqué mucho el cubrirme con la armadura de Dios, la cual dice la Biblia que nos ayudará a enfrentar los dardos del enemigo.

Tengo que admitir que mi mamá me había hablado de orar conforme a lo que la Palabra establece, pero no lo había tomado en consideración. Al hacerlo vi la diferencia de la respuesta divina.

Pude transicionar, hubo un cambio en mi mente y en mis acciones. Te admito que fue un proceso de aprendizaje más que cualquier otra cosa. Me reafirmo en la verdad que dice *Romanos 8:28: "Y sabemos que a los que aman a Dios, todas las cosas les ayudan a bien, esto es, a los que conforme a su propósito son llamados"*. Comprendí que Dios nos ofrece muchos recursos para nuestra estabilidad no solo emocional y espiritual, sino también físicamente. Son herramientas que al unirlas nos proporcionan ayuda efectiva. Me refiero a que en este proceso de mi vida utilicé como arma poderosa la oración y la Palabra de Dios como fundamento; pero también busqué apoyo espiritual en personas de oración y capacitadas para escucharme sin reclamarme o enjuiciarme.

Otros recursos adicionales fueron tomar mucha agua, hacer respiraciones diafragmáticas, los teses con plantas naturales, como manzanilla, tilo, jengibre y aceites esenciales que provocaban cierto grado de calma. No es que estos remedios me sanaron o resolvieron mi problema, pero en mi caso, me ayudaron un poco.

Para concluir, este fue el tema con el que inicié mi testimonio: "Lo que necesitas está dentro de ti". Te diré que el Padre me ha enseñado que todo lo que yo necesito está dentro de mí. Si lo tengo a Él lo tengo todo; Su Palabra está dentro de mí, y si Él está dentro de mí, yo tengo poder, autoridad, vida y libertad. Hermana en Cristo, esta misma autoridad te ha sido conferida a ti por el Padre. Mi recomendación es que si estás atravesando por un proceso similar te apoyes en la Palabra de Dios, en Sus promesas y todos los recursos que te he mencionado. La Palabra de Dios nos invita a poner por obra Su consejo. En Mujer, ¡Transiciona!, hay un mensaje poderoso para ti y es: resiste, persiste e insiste y serás una mujer victoriosa. Con amor,

Pastora Ashley Soto
Iglesia Nación de Fe
Carolina Del Norte

Conclusión

Conclusión

Apreciada lectora, la voluntad de Dios es que cada mujer desarrolle su potencial al máximo y logre alcanzar todo aquello para lo que fue destinada. Eso se llama empoderamiento. Dice la escritura en *1 Corintios 2:9: "Cosas que ojo no vio, ni oído escuchó, ni han entrado al corazón del hombre son las cosas que Dios ha preparado para los le aman".* Si Dios lo dijo, ¡Yo lo creo! Y tú deberías creerlo también. Soy de las que piensa que nadie que crea poder alcanzar algún logro en su vida debe quedarse de manos cruzadas.

Comparto esto que leí en una ocasión: "Las barreras que te limitan son las que tú mismo construyes". Lo que permites que entre a tu mente y aceptes en tu corazón dominará tus acciones. Nos toca a cada una vencer lo que obstaculiza el plan de Dios en nuestra vida. Somos mujeres con un valor incalculable, con una inteligencia extraordinaria, determinadas y creadas con un fin y un propósito, alcanzarlo está en nuestras manos. Procuremos tomar el consejo de *Hebreos 12:2: "Puestos los ojos en Jesús, el autor y consumador de la fe".* Y nunca olvidemos las palabras de nuestro Abba Padre, porque ellas *"Son vida a los que la hallan, y medicina para todo su cuerpo", Proverbios 4:22.* Mujer, ¡Transiciona! ¡Tú lo puedes lograr!

Declaración de fe:

Padre, con todas mis fuerzas creo que Tú has preparado cosas mejores para mí porque me amas. Creo que aceptar el sacrificio de Jesús en la cruz del calvario me brinda la oportunidad de acceder a esas promesas y a ese nuevo tiempo de plenitud. En Mujer, ¡Transiciona!, he descubierto que si abro mi corazón a Tu consejo y escucho Tu voz las podré recibir. Yo lo creo y me dispongo a volar hacia mi nueva temporada olvidando lo que quedó atrás y extendiéndome hacia el futuro glorioso que Tú has determinado para mí. En el nombre de Jesús, ¡Amén! ¡Gracias, amado Padre!